探究学習と図書館

調べる学習コンクールがもたらす効果

根本 彰 [編著]

学文社

はじめに

　2011年度の小学校入学者より新しい学習指導要領が適用され，続いて2012年度より中学校入学者，2013年度より高等学校入学者への適用が始まる。学習指導要領はほぼ10年に一度の大祭礼のように新しいものに変わっていくが，今回の改訂は21世紀の学校教育を占う試金石として重要である。なぜなら，第二次世界大戦後の時期を除くと，21世紀に入ってからの10年間ほど学力とは何かが真剣に問い返されたことはないからである。その議論を踏まえて今回の学習指導要領では，「習得」と「探究」という学習の大きな２つの方法の双方を重視し，どちらも実質的に学べるようにという配慮が行われた。

　従来型の学習方法である「習得」は，学ぶ内容や学ぶ方法を学習指導要領で定めてそれを具体的に示すことによってその実質が明らかになる。また，「習得」できたかどうかはペーパーテストによって容易に評価することができる。他方，「探究」とは学習者の主体的な学習であるとされるから，学ぶスキルや態度，学ぶ内容の大枠は示せても具体的な内容や方法は示すことは難しい。評価も習得型の学習の結果のように，誰の目にも明らかなように客観的に示すことは困難である。

　前回の学習指導要領改訂について，とくに学習内容の削減や「総合的な学習の時間」のような改訂の目玉に対して，学力低下を理由とする轟々たる批判が寄せられ，途中で文部科学省は部分的な修正を行った。こうなった外的な条件としては，バブル経済崩壊後の日本社会が，子どもたちの主体的な学習を受容するためのゆとりを失っていたことが大きいと思われる。だが同時に，前回の改訂は行政当局の事前の予想以上に大きな変化を教育現場に要求するものであり，準備がとても間に合わなかったように見える。総合的な学習の時間の実施についての教育現場の混乱はそれを示している。

　だからこそ，今回の学習指導要領で，視点がぶれることがなく，探究学習が

各教科のなかに散りばめられ，また，総合的な学習の時間が時間数は減っても実質的に探究型の学習を展開する場として明確に位置づけられることになったことには大きな意味がある。カリキュラム改革の方向自体に変化はなく，むしろ探究学習を進めるためのノウハウの蓄積がこの10年でできたことを積極的に生かそうとしているからである。

　こういう状況のなかで，私たちの研究チームは探究学習の成果が寄せられる場として「図書館を使った調べる学習コンクール」に着目した。探究学習は一定の学習の方法やスキルの型の提示のもとに，学習者が自分で学習過程を組み立てて何らかの成果物をつくりだすものである。教科学習のなかでは断片的に組み込まれているのでそれだけを取り出すことはしにくい。総合的な学習の時間は教科横断型の主体的な学習を行う場として位置づけられているが，プロセス中心で成果としてはレポートやポスター，口頭発表などがあっても十分な評価が行われているわけではない。

　「図書館を使った調べる学習コンクール」は 1997年に開始されてから2009年までで13回を数え，この間，探究学習の評価を行う場としてのノウハウを蓄積してきた。毎年，総合的な学習や教科学習，自由研究，卒業研究などの枠組みにおいて学校で実施された子どもたちの探究学習の成果が多数寄せられている。本書は，2009年度秋から2010年度秋までの１年間に主催団体である特定非営利活動（NPO）法人「図書館の学校」との共同研究として，東京大学大学院教育学研究科の私の研究室で実施した「図書館を使った探究型学習の効果についての研究」の結果をまとめたものである。このコンクールがどのような目的で開始され，どのように運営されてきたのか，それがどのような効果を上げているのかを明らかにすることを目的にしている。

　この間，次のようなスケジュールで研究を進めた。コンクールに関わる情報提供と質問紙調査の実施および集計については「図書館の学校」事務局に分担してもらい，それ以外は大学院生と一緒にチームをつくって調査を実施した。

　　2009年11〜12月　　研究の準備，図書館の学校事務局への聞き取り
　　2010年１〜２月　　質問紙調査の実施
　　　　　１月　　　　2009年度コンクール最終審査会での聞き取り

2月	同コンクール表彰式での聞き取り
3月	質問紙調査のまとめ
4～11月	千葉県袖ケ浦市現地調査（計10回）
5月	清教学園中学高校（大阪府河内長野市）の見学および聞き取り
10月	朝暘第一小学校（山形県鶴岡市）の研究授業への参加
11月	図書館総合展における調査全体の中間まとめ報告
2011年2月	報告書執筆完了
5月	日本図書館情報学会春季研究集会での発表
6月	アジア太平洋図書館・情報教育国際会議（A-LIEP2011, マレーシア）での発表

　研究チームはこの間，次のように分担して調査を行い全員で討論してまとめた。コンクール審査委員や事務局へのインタビュー，表彰式，袖ケ浦市での聞き取りに関して全員が参加するものとした。

　コンクールの概要と背景，全体のまとめ（第1，2，6章）
　　　　　　　　　　　　　　　　　根本　彰（大学院教育学研究科教授）
　袖ケ浦市の現地調査のまとめ（第3章）
　　　　　　　　　　　　　　　　　金　昭英（大学院教育学研究科博士課程）
　受賞作品の分析（第4章）　　　　浅石卓真（大学院教育学研究科博士課程）
　質問紙調査の分析（第5章）　　　井田浩之（大学院教育学研究科修士課程）

　実施してみて，このコンクールが対象とする調べる学習の過程が，新しい学習指導要領が目的とする学習観とも重なり合うところが大きいし，実質的な効果があることを確認できたことが大きな成果であるととらえている。

　最後になるが，この研究においては共同研究のパートナーであるNPO法人「図書館の学校」の関係者の皆様には，企画から調査票の作成や受賞作品の閲覧，審査会や授賞式でのインタビューなどに関してたいへんお世話になった。御礼申し上げる。また，多くの方のご支援，アドバイスをいただいたが，とくにお世話になった次の方々に御礼申し上げたい（敬称略，所属は2010年度のもの）。

片岡則夫（清教学園），山本志保（同），中村伸子（袖ケ浦市総合教育センター），鴇田道雄（袖ケ浦市教育委員会），鳥海隆之（同），星野ひろみ（袖ケ浦市立奈良輪小学校），中村千秋（同），小澤典子（袖ケ浦市立蔵波中学校），菊池文子（同）

　なお，特定非営利活動法人「図書館の学校」が実施してきた事業である「図書館を使った調べる学習コンクール」は，2012年4月より，財団法人図書館振興財団が引き継ぐことが決まっている。

　　　　2011年10月

　　　　　　　　　　　　　　　　　　　　　　　　　　根本　彰

目　　次

はじめに

第1章　カリキュラムと学ぶ方法 …………………………………………9
1.1　学習指導要領の変遷　9
1.2　習得・活用・探究と言語力　13
1.3　新学習指導要領における学校図書館の役割　14
1.4　総合的な学習の時間・調べる学習・学校図書館　17

第2章　コンクールの概要と作品の審査 …………………………………21
2.1　コンクール略史　21
2.2　コンクールの運営と地域コンクールの役割　25
2.3　審査の状況と審査基準　27

第3章　袖ケ浦市のすぐれた事例に学ぶ ……………………………………33
3.1　袖ケ浦市の概要と調査方法　33
3.2　地域コンクール実施の経緯　36
3.3　地域コンクール実施の内容　40
3.4　各学校での実践　49
3.5　袖ケ浦市の調べる学習の成功要因およびその教育的効果　57
3.6　事例が示唆するもの　62

第4章　受賞したのはどのような作品か …………………………………63
4.1　コンクールの部門と分析対象　64
4.2　分析の視点と方法　65

4.3　作品のテーマ　67
4.4　作品の構成　72
4.5　利用された参考資料　78
4.6　学校段階別の分析と課題　85

第 5 章　受賞者はどのように振り返っているか……………………87
5.1　コンクールの教育的成果の分析　88
5.2　調査の概要と分析の視点　89
5.3　コンクール受賞後の回答者　90
5.4　メディアの利用と研究手法　95
5.5　コンクール後に感じる効果　100
5.6　受験や進路選択に感じる効果　106
5.7　社会人が感じる効果　108
5.8　分析の結論と今後の課題　110

第 6 章　探究学習に学校図書館を生かすために　………………113
6.1　探究学習の今後　114
6.2　調べる学習の意義と学校図書館　116
6.3　今後の課題　124

注　記　………………………………………………………………133

資料 1　審査部長に対するインタビュー記録　137
資料 2　作品分析対象となったコンクール受賞作品　143
資料 3　図書館を使った"調べる"学習賞コンクールに関する
　　　　アンケート質問紙　148
資料 4　参考文献一覧　152

索　引　………………………………………………………………155

第1章 カリキュラムと学ぶ方法

　戦後の占領期の最初の学習指導要領は自由研究を入れるなどアメリカ教育学の進歩主義の影響を色濃く反映していた。1960〜70年代には，産業国家の担い手育成のための系統主義が重視された。その後，1980年代以降になると一転して新学力観と生涯学習社会における自己教育力の重視が進められ，学校週5日制の導入，総合的な学習の時間の導入などを通じて，知の総合化と主体化が目標とされた。

　2011年から順次実施される今次の学習指導要領においては，学力低下の批判を受けて習得型，活用型，探究型の3つの教育課程のバランスが求められるようになった。PISA（国際学力到達度調査）の結果を踏まえた知識活用を前提とした言語力育成の重視も見られる。

　こうしたなかで，調べる学習は図書やインターネットなどの学習情報資源から知識を取り出し自分でまとめることを意味するが，これが各教科の学習や総合的な学習の時間，また，夏休みの自由研究といった教科外の学習における学習方法の1つの柱を形成している。探究学習は調べる学習も含んだ学習者の主体的な知識形成プロセスを重視したものであり，その重要性はいささかも減じていない。

1.1　学習指導要領の変遷

　文部科学省の学習指導要領は，日本の教育課程について国家的な基準を設りている。法的には，学校教育法施行規則を根拠にして定めた文部科学省大臣告示という行政文書であり，歴史的にはさまざまな議論があったが，現在は一定の法的規定力があるものとされている。学習指導要領に基づいて，小中高の校種ごと，学年ごとに教育内容や教育方法の概要が定められている。第二次世界大戦後の1947年に最初のものが出されて以来，合計7回の改訂を通じて2011年に完全実施される今回の学習指導要領に至っている。

これをナショナルカリキュラムと呼ぶ。検定教科書は教科書会社が学習指導要領に準拠して編集し，学校での採択のためには文部科学省の係官による検定という過程を経る必要がある。また，高校入試や大学入試についても学習指導要領の範囲に基づいて出題されることを原則にしている。このことから，学習指導要領が実質的に現在の学校教育における学習方法と学習内容を決めたものと考えられることが多い。

しかしながら，学習指導要領はあくまでも国家的な教育課程の概要を示したものであり，実際には個々の教員が教育活動を行い，個々の学習者が学ぶ教育課程はもっと具体的なものである。また後に述べるが，学習指導要領が定めるものは学習内容だけではなく学習方法があり，学習方法によっては学習内容は一様には定められないという関係がある。さらに，国家的なカリキュラムのもとに，都道府県教育委員会を単位とするものや市町村教育委員会を単位とするものなどの地域的なカリキュラムがあり，それに基づいて個々の学校ごとあるいは学年ごと，教員ごとのカリキュラムがつくられている。

次に，「調べる学習」の実施がナショナルカリキュラムのどのようなところに位置づけられて現在に至っているのかを確認しておこう。

表1.1に戦後の学習指導要領の一覧を示し，とくにそのなかで子どもの主体性を重視する学習がどのように位置づけられてきたのかを見ておく[1]。

戦後の学習指導要領の在り方をめぐっては，振り子運動という表現が行われる場合がある。自由な学習を重視する動きと統制的な学習を重視する動きが交互にくるというものである[2]。戦後の占領期にアメリカの進歩主義教育の影響を強く受けて，子どもの自発的な学びの姿勢を重視する教育の考え方が強まった。戦後最初の1947年の学習指導要領一般編（試案）において，社会科や自由研究が導入されるなどの自由を前面に出し，続く1951年制定の学習指導要領においても当時のコアカリキュラム運動などの動きを反映して児童中心の経験主義的な問題解決学習が広く行われた。

これが講和条約後になると徐々に統制色を強める。占領期の教育実践がそれぞれの子どもたちの基礎学力の向上に貢献しない「はいまわる経験主義」になっているとの批判から，1958年に公示され1961年に実施された学習指導要領にお

表1.1 戦後の学習指導要領の一覧

制定年	実施年	背景と法的性格	特徴	教科外科目
1947	1947	・占領期における新憲法の成立とアメリカの影響 ・学習指導要領は都道府県教育委員会の専決事項とされる ・「試案」であり、各学校の裁量権が大きい	・「試案」の性格 ・新憲法下の教育思想に基づくカリキュラム ・経験主義 ・社会科の新設	・自由研究（小学4年生以上）が新設
1951	1951	・1952年文部省設置法一部改正で学習指導要領編成権が文部省にあることが明示化。 ・教科書検定が法制化	・経験主義カリキュラムの継続 ・「コア・カリキュラム」運動	・自由研究の廃止。教科以外の活動（小学校）、特別教育活動（中学校）と改称。実際にはホームルーム、児童会／生徒会、クラブ活動、学芸会、音楽会など
1958	1961	・講和条約後の教育の独立 ・1956年教育委員会法の廃止と地方教育行政法の成立（文教行政の国への集中化）。 ・学習指導要領の文部省告示による公布	・学力論争と経験主義への批判 ・スプートニクショック以降の系統主義と基礎学力の重視、理数系の重視 ・道徳や国家主義的な陶冶の重視 ・中等教育における職業選択の重視	・道徳 ・特別教育活動
1968	1971	・アメリカにおける教育の現代化（研究・産業と教育の連動）の影響 ・高度経済成長期の人材育成	・系統主義教育の継続 ・教育の現代化による科学的方法と系統性の重視 ・公民教育の重視	同上 ・特別活動における学校行事の重視
1977	1980	・「ゆとり教育」のスタート：高度成長の終わりにおける「人間性」の重視 ・指導要領の大綱化と授業時数の削減	・知・徳・体の調和 ・教育内容の削減 ・中等教育における選択性の強化や習熟度別学級編制の認知	同上 ・国旗掲揚、国歌斉唱
1989	1992	・新学力観による人間教育 ・生涯学習社会における自己教育力の重視 ・単位制高校と総合学科	・小学校低学年生活科の新設 ・体験的活動の重視や個に応じた指導など指導方法の工夫 ・中等教育における選択履修の幅の拡大 ・高校における特色あるカリキュラムとコース制の採用	同上
1998	2002	・「生きる力」を育成する「学び」と「確かな学力」 ・完全週5日制 ・「知の総合化と主体化」 ・学力低下論を受けて2005年に学習指導要領の全面見直し	・学習内容の大幅削減 ・情報科の創設 ・課題学習、発展学習などの自己学習方法の重視	・総合的な学習の時間の導入 ・高校におけるクラブ活動の削減
2008	2011	・教育基本法、学校教育法改正による21世紀の教育の明確化 ・ゆとりでも詰め込みでもない「生きる力」の育成	・PISAの結果に基づく言語力育成の重視 ・かつて削減された内容の復活と主要科目の授業時間数増加 ・小学校への英語の導入	・総合的な学習の時間の時間数減

いては，基礎学力の向上の観点が取り入れられた。もう１つの背景には1957年のスプートニクショック以降の科学主義に基づく系統主義的なカリキュラムの考え方が導入されたことがある。次の1968年公示で1971年実施の学習指導要領においては，高度経済成長を背景にして，国際競争に負けないための「高度な人材」（ハイタレント）育成が目標に掲げられ，系統色を強めるカリキュラムが完成する。

　ところが，高度経済成長が達成されてからバブル経済の1980年代頃になると，経済成長よりも個人の生活の豊かさを重視するとともに，教育の目標を国際的な水準に合わせ，詰め込みではなくて学習意欲や主体的な学習を重視する「ゆとり教育」への転換がはじまった。1990〜2000年代を通じて教育内容が削減され，総合的な学習の時間が導入され，各教科のなかでも課題解決的な学習や探究的な学習が含められるなどの大きな変化があった。2008年公示で2011年から完全実施される新学習指導要領は，その意味では，総合的な学習の時間が減り，とくに理数系の教科の時間数増がはかられるなど揺り戻しと見られることが多い。

　しかしながら，振り子運動という見方，あるいは，今回の改訂が揺り戻しとする見方が妥当かどうかについては慎重な検討が必要であるだろう。確かに，1958年学習指導要領において子どもたちの学力低下が１つの理由とされて戦前の系統的な教科教育をしっかり教えることに切り替わったのと，今次の改訂で，やはり「分数ができない大学生」のようなレッテルのもとにゆとり教育が批判されて，学力低下への対策として理数系の教科の学習時間を増やすことが行われたこととはよく似ている。

　だが，同時進行的に議論されてきたことは「学力」そのものの定義である。たとえば，文部科学省は学力低下についての国民的関心を受けて，2007年から全国一斉の学力調査を実施してきたが，その際に，従来のように教科での学習内容を理解しているかどうかを問う問題（問題A）とともに，より発展的な問題（問題B）を課した。問題BはOECDが実施した国際学力調査PISAの出題傾向に対応させて新たに導入されたものである。つまり，系統的な学習の結果学んだものを再現する力だけでなく，もっている知識を現実の社会的場面で応用

したり，自分の意見を論理的に表現したりすることが最近の「学力」の定義に含められつつある。

1.2 習得・活用・探究と言語力

ここでは，2011年からの学習指導要領に特徴的な要素を取り上げ，とくに後者において，習得・活用・探究と整理された学習の要素ととくに言語力と呼ばれたものが何を目指すのかについて述べる。

2008年1月の中央教育審議会答申は，新しい学習指導要領でのポイントとして次の6点挙げ，このなかでもとくに，②を基盤とした③，⑤，⑥が重要と述べている。

①「生きる力」という理念の共有
②基礎的・基本的な知識・技能の習得
③思考力・判断力・表現力等の育成
④確かな学力を確立するために必要な授業時数の確保
⑤学習意欲の向上や学習習慣の確立
⑥豊かな心や健やかな体の育成のための指導の充実

先に述べたPISA学力調査は，日本の教育が系統学習に再び回収されそうになったときの防護壁になったが，その際に強調されたのは，習得，活用，探究のバランスということであった。習得は，従来の系統的な学習で身につく基本的な知識や技能のことであり，活用とはそれらを応用したり，組み合わせたりして学ぶ内容のことで，さらに，探究とは教科の新しい知を主体的に学び，学んだ内容を表現することである。新学習指導要領のポイントでいえば，②の基礎的・基本的な知識・技能の習得を基盤として，③の思考力・判断力・表現力等の育成をはかることとしている点と対応している。

ただ，従来から教科においても実験や実習，観察，制作，討論，発表のようなことが行われており，教科外でも遠足，修学旅行，クラブ活動，各種のイベントなどがあった。つまり，活用や探究がなかったわけではない。実は1957年のスプートニクショック以降の科学教育では科学研究との連動が課題になりその際には実験や観察といった探究的なプロセスは必須とされたから，系統学習

といわれたものにも探究的な要素が重要な柱として存在していたといえる。

あらためてこれら3つのバランスを主張するのは，ある種の妥協の産物でもある。だが，新学習指導要領では総合的な学習の時間数は減るとはいえ，各教科での学習過程においても今まで以上に知識活用や探究の比重を高めており，決して系統学習に戻ろうとしているのではない。答申の「思考力・判断力・表現力等の育成」の節では，各教科でこれを育成するために，「①体験から感じ取ったことを表現する」とか「②事実を正確に理解し伝達する」だけではなく，「③概念・法則・意図などを解釈し，説明したり活用したりする」「④情報を分析・評価し，論述する」「⑤課題について，構想を立て実践し，評価・改善する」「⑥互いの考えを伝え合い，自らの考えや集団の考えを発展させる」といった課題が挙げられ，具体的にどんなことをするのかについて述べられている。

また，総合的な学習の時間は，今回の改訂では教科外の独立項目となり，時間数は減ったが質的な向上を図ることになった。その目標として「横断的・総合的な学習や探究的な学習を通して，自ら課題を見つけ，自ら学び，自ら考え，主体的に判断し，よりよく問題を解決する資質や能力を育成するとともに，学び方やものの考え方を身に付け，問題の解決や探究活動に主体的，創造的，協同的に取り組む態度を育て，自己の生き方を考えることができるようにする」とあり，高邁な理念が込められている。

このときに，とくに強調されているのは言語力という課題である。ここでいう言語は，教科としての国語にとどまらないものをさしている。国語科では論理的に思考し考察することを行うが，各教科の基礎基盤にあるものであると同時に教科で学んだものを活用したり展開したりするときの能力という意味合いもある。このなかでは，言語の論理性，コミュニケーション，表現や発表といった要素が強調されている。

また，そのために読書活動の推進や学習環境としての学校図書館の整備に言及されていることも特徴である。

1.3 新学習指導要領における学校図書館の役割

学校図書館は通常，学習情報センターと読書センターの2つの機能をもつと

される。系統学習における教材は教科書，副教材，問題集など子どもたちが各自参照するものになるから，学習情報センターという場合，学校図書館が関与するのは課題解決学習あるいは探究学習のための展開に寄与する機能である。個々の教科，あるいは総合的な学習の時間といったなかで学校図書館を用いた授業にどのように触れているかが重要になる。

　読書センターというのは，学校図書館は教員が読書指導を行い読書資料を提供する場として機能するということである。読書について従来は国語科の枠内ととらえられてきたが，昨今，言語力の向上という課題を受けて「読解力」に対する関心が高まり，これが単なる国語の範囲ではなく，各教科の学力の基礎を形成する認知能力あるいは表現能力であるとの理解が進んだ。こうなると，課題解決学習と読解力の育成は別のものではなく相互に関わりのあるものであるととらえることも可能であり，両者に貢献する学校図書館の在り方にも関係してくることになる。

　そういう視点で新しい学習指導要領を見てみると，小学校でも中学校でも，教育課程編成の一般方針というもっとも基本的な部分において，次のようにある。

　　学校の教育活動を進めるに当たっては，各学校において，児童に生きる力をはぐくむことを目指し，創意工夫を生かした特色ある教育活動を展開する中で，基礎的・基本的な知識及び技能を確実に習得させ，これらを活用して課題を解決するために必要な思考力，判断力，表現力その他の能力をはぐくむとともに，主体的に学習に取り組む態度を養い，個性を生かす教育の充実に努めなければならない。その際，児童（生徒）の発達の段階を考慮して，児童（生徒）の言語活動を充実するとともに，家庭との連携を図りながら，児童（生徒）の学習習慣が確立するよう配慮しなければならない。
　　　　　　　　　　　　　　　　　　　　　　　　（下線は筆者による）

　これを学習の具体的な目標として「知識の習得」「知識の活用と課題解決」「主体的な学習＝探究」を掲げているとまとめることができるだろう。この目標は前の学習指導要領の一般方針の延長上により具体化して述べられており，こ

れ自体は前のものと大きな変更はない。これに，言語活動の充実が加わっていることが大きな特徴となる。

　今回の改訂に関して，総合的な学習の時間が3分の2ほどに減ったことや，前回，前々回の改訂で授業時間数が減ったことに対する批判が強かった算数・数学や理科の標準時間数が2割近く増えていることなどから，再び系統主義的なカリキュラムに戻りつつあると指摘されることがある。しかし決してそうではなく，1977年改訂以降に敷かれた路線は確実に進められているといえる。

　そもそも，教科ごとに示された知識体系を学ぶ系統学習の学習過程と，教科横断的に知識を学習者が獲得していく課題解決型あるいは知識探究型の学習過程とは基本原理が大きく異なっていると考られる。そのため前回の学習指導要領における総合的学習の時間は2つの点で無理があった。1つは各教科において系統学習をそのままに残しながら総合的な学習の時間を別に導入したことで，2つの原理が併存し，これらを統合的に進めることが難しかったことである。もう1つは，多くの教員にとって新しい課題である総合的な学習の時間を進めるためのカリキュラムが具体性を欠いていたことで，現場に混乱をもたらしたことである。実際には，それぞれの教科のなかでも系統学習を進める間に探究型の学習課題を織り込むことが推奨されていたから，ますます総合的な学習の時間を進めにくい状況があったと思われる。

　今回の改訂でこれらの点が根本的に解決されたわけではない。相変わらず2つの原理の併存が続いている。だが，総合的な学習の時間は短縮されただけでない。これまで，総則のなかの一項目としてやや中途半端な位置づけであったのが，各教科，道徳や特別活動と並んで独立した教育課程とされるようになった。また，各教科のなかで，知識の応用や課題解決学習，そして探究的な学習が具体的に書きこまれることにより，総合的な学習の時間でやるべきことが教科横断的・総合的なものであることが明確になった。以前より，位置づけは明確になったといえる。

　2007年の文部科学省の学力調査および2003，2006，2009年度の3度のPISA学力調査の結果は，日本の子どもたちの学力が基本的な習得という線ではまずまずの結果を示しながらも，知識の活用や応用，そして，主体的な学習という

点で大きな課題を残していることを明らかにした。PISAはヨーロッパの国際機関OECDが実施しているものであるが，そこで重視されているのは現代の経済社会が受動的に知識を獲得する力ではなく，さらに発展させて自らの判断でそれをさまざまな局面で使用する高度な情報処理能力をもつ個人の存在を要求しているということである。今回の学習指導要領改訂はその認識に基づいて必要な手段をとろうとしていると理解できる。総合的な学習の時間のみならず，教科ごとの教育課程において，繰り返し資料を活用した学習指導を行うことで知識の応用と主体的な学びを実現することがいわれている。そのために学校図書館の活用と充実についても何度も触れられている。

ここに言語活動の充実が加えられたことで，言語資料を豊富に提供することが重要な役割である学校図書館はさらにやるべきことがはっきりしてきたといえるだろう。すなわち，各教科とそれを進めるための基盤にある言語活動に対する支援ということになる。

だが，新学習指導要領における学校図書館の位置づけはまだ曖昧である。総則の「指導計画の策定に当たって配慮すべき事項」には，「各教科の指導に当たっては，言語に対する関心や理解を深め，言語に関する能力の育成を図る上で必要な言語環境を整え，児童生徒の言語活動の充実を図る」とあり，また，「学校図書館の計画的利用を図り，意欲的な学習活動や読書活動の充実を図ること」ともなっている。以前よりも明確に位置づけられるようになっているとはいえ，学校における学習環境の中心になる学習情報センターとしているわけではない。

1.4　総合的な学習の時間・調べる学習・学校図書館

以上述べてきたことから，「調べる学習」が現在の教育実践のなかでどのように位置づけられているかを考えてみたい。「調べる学習」あるいは「調べ学習」という言葉がどこに由来しているのかは不明であるが，1980年代以降の教育改革のなかで，課題解決学習や総合学習，探究学習などの言葉とともに使われてきた。おそらく遡れば戦後最初の学習指導要領に含まれた自由研究やその後のコアカリキュラム運動などで取り組まれた，教科の壁を取り去り児童中心

に展開したカリキュラムにその片鱗が見られるだろう。

　1980年代半ばに学校図書館関係者を中心に「調べ学習」の用語が使われはじめた。だから現在もこのことばには，「資料を使って調べる」あるいは「図書館で調べる」といったニュアンスが強く含まれる[3]。1990年代以降には教育工学や科学教育の関係者にも使われはじめた。自立的に学習するための教材やシステム開発が行われたからである。

　このように，学校図書館関係者あるいは学校向けの教材やデータベースの制作会社が積極的にこの言葉を使ったこともあって，教員や教育学者の間では学習過程と直接結びつけて考えられることが少なかったことは確かである。つまり調べる手段あるいは環境が用意されるがそれ自体は学ぶ過程とは別であるとの認識だったのである。しかし，習得型の学習に加えて探究型の学習がこれだけ重視されるようになったことで，もう一度見直されつつある。調べる学習は，1つは学習者に対して教科書などにより教室で展開される知の領域の外側に関心を拡張させるという意義があり，また，そうした学習情報資源に対して主体的・批判的な目を養う効果がある。このように情報リテラシー的な意義が伴っていることが忘れられがちであるように思われる。

　それでは探究学習とはなんであろうか。主体的に課題を設定し，自から解決することによって学ぶことといった定義がされることが一般的であり，これは総合的な学習の時間の典型的な在り方であるといってよい。とくに今次の改訂でその方向づけがはっきりしたことは前述のとおりである。また，京都市立堀川高校のように募集要項で普通科以外に「自然探究科」「人間探究科」といった名称の教育課程を設定して，探究を前面に出しているところも現れている[4]。探究学習の方法についてはさまざまに論じられているが，通常は学習者が体験したり，観察したり，調査したりといったプロセスを重視し，資料や図書館を使った調査は探究の方法の一部に位置づけられるにすぎない[5]。ここに，学習者の主体的な学習を展開するということでは共通していても，調べる学習は資料や図書館を中心に調べるのに対し，探究学習では直接対象にアプローチするスタンスの違いが見られる。

　このように調べる学習や探究学習は学習の方法をさす用語であり，実際には

各教科の授業や教科外の総合的な学習の時間，また，特別活動のための指導などで採用される。先に述べたように，教科内で調べる学習や探究学習の方法が取り入れられるケースは増えている。また，「自由研究」は，戦後まもない「学習指導要領一般編（試案）」では単独の自由研究としてスタートしたものが教科以外の活動・特別教育活動，特別活動と名前を変えて現在に引き継がれているから，夏休みの自由研究も特別活動の一環と見ることもできる。

　総合的な学習の時間は1998年の学習指導要領改訂で初めて正式に教育課程に取り入れられたが，趣旨が十分に徹底せずに何をしてよいのかわからないと教師を悩ませた。教科扱いされていなかったので教員養成カリキュラムでも正式に扱われることはなかった。その意味では10年かけて個々の教員の工夫や実践を積み重ねてきてようやく定着してきたといえる。そして今次の改訂では，フォーカスを明確にして，単なる体験学習や見学，イベントへの参加といったものよりも，一貫して，子ども自らが課題を見いだし，自ら解決をめざして情報を収集してまとめ，その結果を表現したり発表したりする探究学習を実現することを目標に掲げている。

　総合的な学習の時間について，新学習指導要領には取り上げる課題や問題として，「国際理解，情報，環境，福祉・健康などの横断的・総合的な課題」や「児童（生徒）の興味・関心に基づく課題」「地域の人々の暮らし，伝統と文化など地域や学校の特色に応じた課題」が挙げられている。そして，問題解決や探究活動の過程において，「他者と協同して問題を解決しようとする学習活動や，言語により分析し，まとめたり表現したりするなどの学習活動」を行うこと，そして，「自然体験やボランティア活動などの社会体験，ものづくり，生産活動などの体験活動，観察・実験，見学や調査，発表や討論などの各種活動を積極的に取り入れること」が述べられている。こうしてみると，理念においては明確であっても，具体的方法がやや総花的で何でもありのように見える書き方になっている。

　教科のなかでの探究学習については教科ごとの方法がある程度蓄積されているといえるが，今後の課題は，総合的な学習の時間のように教科横断的あるいは教科外の枠組みで知を探究しこれを主体的な学びの過程を通して自らのもの

とし，かつ他者と交流しながら外部に発信していくタイプの学習の方法である。「図書館を使った調べる学習」はその意味で，こうした現代的な教育現場の要請に応える教育課程を実践する機会を提供しそれを評価する場となりうるものである。

　総合的な学習の時間の記述のなかに，「学校図書館の活用，他の学校との連携，公民館，図書館，博物館等の社会教育施設や社会教育関係団体等の各種団体との連携，地域の教材や学習環境の積極的な活用などの工夫を行うこと」とあるが，このなかで図書館は知識情報資源を収集提供するための専門機関である。言語的な資料のセンターとして機能することはもとより，地域の外部機関がもつ豊富な学習資源を仲介する連絡センターとしての機能も併わせもつ。とくに学校図書館はこれを専門に行うことが1953年の学校図書館法に規定され，設置が義務づけられている施設である。法ができて60年がすぎて，ようやくその本来の機能を発揮すべきことが，学習指導要領に明記された。「調べる」ことが重要な教育方法の課題になっただけでなく，「図書館を使う」こともまた課題なのである。

　なお，以下の章では，原則的に「調べる学習」「探究学習」の用語を使用する。しかしながら，固有名詞の場合や発言の引用の場合など必要に応じて「調べ学習」「探究型学習」の用語を使用する場合もあることをお断りしておく。

第 2 章 コンクールの概要と作品の審査

　本章では，1997年に開始された「図書館を使った調べる学習コンクール」について，参加者数や地域コンクール開催状況の推移のデータや，全国審査の審査状況の観察や審査委員へのインタビューによって，概要を記述した。

　この間，順調に参加者数を増やし，2009年には1万5000件を数えるようになったコンクールであるが，増加数の多くは地域コンクールの増大によって支えられているといってよく，その意味では全国津々浦々の学校から参加があるというわけではない。また，小学生の参加数に比べて中学生，高校生と学年が上がっていくにつれて，参加者数が減少し，とくに高校では一部のこのような学習を推進している学校に限定される傾向が見られる。

　審査の過程から浮かび上がってくる評価基準としては，学齢にあった調査方法と表現によって，自らの観察や行動を知識に変換できるかどうかが挙げられる。「図書館を使った」というのは，外部の学習情報資源を自らの観察や行動と組み合わせてうまく知識として整理し表現できることをさすものである。

2.1　コンクール略史

　「図書館を使った"調べる学習"賞コンクール」は1997年に始まり，2010年から現在のコンクール名になった。コンクールの主催団体は，当初は㈱図書館流通センター（TRC）の企画・開発部門と㈶日本児童教育振興財団であったが，1999年に特定非営利活動（NPO）法人図書館の学校（以下「図書館の学校」）が発足してからは，同法人と児童教育振興財団による共同主催となっており，それ以外に文部科学省など多数の関連団体が後援している。

　始まったきっかけは，TRCが開発した書誌データベースの「本悟空」のユーザーアンケートを実施したところ，学校関係者のあいだで調べる学習の方法が

わからないという回答が多かったことにある。本悟空にはTRCと慶應義塾大学幼稚舎図書館が協同で開発した学校用の件名検索システムが搭載されていたが、こうしたツールを使った文献検索の意義や方法が十分に理解されていなかったことから、このノウハウを普及させるための方法としてコンクールが選ばれたという。だが、それはきっかけの1つにすぎない。

　コンクールの目的として、「図書館利用の促進と調べる学習の普及」が掲げられている。この当時は、1990年に生涯学習振興法が施行され、1992年完全実施の学習指導要領においては新学力観による人間教育と生涯学習社会における自己教育力がめざされ、新しい教育観が導入された時期である。その延長で、1998年に公表されたその次の学習指導要領においては総合的な学習の時間が導入され、これは2002年から完全実施になっている。また、1997年に学校における読書と探究学習のセンターとなるべき学校図書館について規定した学校図書館法が改正になり、2003年度から学級数12以上の学校に司書教諭が配置されることが義務づけられた。2001年には超党派議員の立法活動による新法、子どもの読書活動の推進に関する法律が公布・施行された。

　これらは、この時機に子どもの読書環境や学習環境の改善のための積極的な政策措置が施されようとしただけでなく、学ぶための方法や学ぶ内容について大きな変化があったことを意味している。その詳細については前章で述べたとおりである。

　こうしたことを背景にして、生涯学習機関としての図書館の振興と新しい学習方法としての調べる学習を推進するための方法として導入されたのが、このコンクールであった。ここでいう図書館には公共図書館と学校図書館の両方が含まれる。当初から「学校の部」以外に「公共図書館の部」が用意されていた。現在は「小学生の部」「中学生の部」「高校生の部」以外に「大人の部」と「子どもと大人の部」が用意されている。また、「調べる学習サポート部門」として、「図書館の部」と「学校の部」が用意されている。

　1997年にスタートした時点での応募総数は925点であったが、第13回を数える2009年度の応募総数は1万5153点に達している。その伸びは、図2.1に示したとおりであり、順調に増加していることがわかる。表2.1は、2009年度の応

募作品の一覧であるが，ほとんどは「小学生の部」から「高校生の部」の「調べる学習部門」である。それ以外の部門についての応募も若干ある。

文部科学省の『学校基本調査』によると，2010年の在学者数はおおよそ小学生が700万人，中学生が360万人，高校生が340万人で合計1400万人である。つまり1万5000件の応募数というのは在学者の0.1％にすぎない。また，応募の3分の2は小学生であり，中学生，高校生と学年が上がるにつれて応募数はぐっと減っていることが指摘できる。

また，調べる学習サポート部

表2.1　2009年度の応募数

調べる学習部門	
小学生の部	10,906
1年	926
2年	1,206
3年	1,901
4年	1,999
5年	2,285
6年	2,589
中学生の部	3,585
1年	1,575
2年	1,310
3年	700
高校生の部	600
1年	151
2年	95
3年	354
大人の部	40
子どもと大人の部	18
計	15,149
調べる学習サポート部門	
図書館の部	4
学校の部	0
計	4

注）地域コンクールを含む

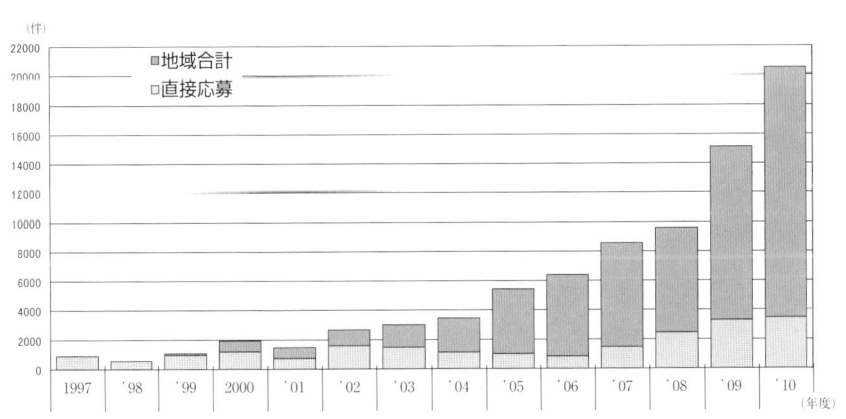

図2.1　応募総数の推移

表2.2 2009年度の都道府県別応募数

都道府県	応募数	都道府県	応募数
北海道	8	京都府	120
青森県	4	大阪府	66
岩手県	2	兵庫県	705
秋田県	0	奈良県	2
宮城県	3	和歌山県	1
山形県	3	鳥取県	1
福島県	0	島根県	9
茨城県	6	岡山県	7
栃木県	1	広島県	19
群馬県	0	山口県	0
埼玉県	148	香川県	0
千葉県	2,136	徳島県	6
東京都	4,533	愛媛県	0
神奈川県	1,109	高知県	0
新潟県	10	福岡県	2,990
富山県	1	佐賀県	0
石川県	303	長崎県	0
福井県	0	熊本県	32
山梨県	140	大分県	466
長野県	733	宮崎県	0
岐阜県	19	鹿児島県	0
静岡県	1,049	沖縄県	0
愛知県	186	その他(海外)	177
三重県	146		
滋賀県	12	合　計	15,153

門は学習支援を行う図書館員あるいは学校の教職員の支援活動あるいは学習指導についての記録が対象になっている。残念ながら応募件数は少なく学校の教職員に至っては一件もなかったということで，この点については今後の検討を要するところである。

コンクールへの参加者数が急激に増加しているわけだが，図2.1に見られるように地域コンクールの実施に依存している側面が大きい。地域コンクールは1999年に最初に東京都文京区に導入され，2000年からは千葉県袖ケ浦市，東京都杉並区が参加し，徐々に増えていって，この時点で19の自治体が参加している。2009年の参加数のなかで地域コンクールの応募作品数は78％を占めている。表2.2は，都道府県別の応募数を示している。全国にわたっているとはいえるが，1件の応募もなかった県が13県あり，また，関東から近畿にかけての地域に応募件数が集中していることから見て，実際には地域コンクール主催自治体の参加件数に支えられているということができる。

　2010年度から，コンクールの名称を「図書館を使った調べる学習コンクール」と変更した。これは，従来の名称がわかりにくいとの声があったのを受け入れたものである。ただ，これは名称を変更しただけで，従来からの「図書館を使った調べる学習」の成果を対象にしていることや地域をベースにした選考のうえに全国を対象にした選考を行っていることに変化はない。

2.2 コンクールの運営と地域コンクールの役割

コンクールの運営は，「図書館の学校」事務局が行っている。事務局の役割は，募集要項の作成，応募作品の受け取り，審査委員会の運営，授賞式の運営などである。また，広報活動も重要な仕事である。広報誌として『あうる：調べる楽しみ，知る喜び』（2007年以前の誌名は『図書館の学校』）を発行しており，コンクールの結果や受賞者のインタビュー，調べる方法の解説などの記事を掲載している。

広報活動の一環として，過去の優秀賞受賞作品の複製物の貸出しを行っている。調べる学習というものがどういうものかについて，教育現場にあまり合意が形成されていなかったので，実際の受賞作品がどのようなものであるのか，希望者にサンプルを送って見てもらうものである。これまで無料で行ってきた貸出であるが，2011年からは同法人の支援会員に対して限定して行われることになっている。

各年度のコンクールは，授賞式の時点で翌年度の応募要項を配布することで始まる。先に述べたように，応募部門は調べる学習部門とそのサポート部門に分かれ，調べる学習部門は校種ごとの部門と大人の部，子どもと大人の部から構成されている。以下，2010年の応募要項に基づいて少し検討しておこう。

調べる学習部門の「テーマ」としては，「身近な疑問や不思議に思ったこと，興味があることなどを中心に自由に決めてください」とある。また，「大学等の専門機関における研究成果報告は対象外です」となっている。学習者の自由な発想で調べる学習を進めることを推進しており，当然，高等教育機関や研究機関での研究報告は対象としていない。

要項に書かれた特筆すべきものとして，「必ず書くこと」として「調べる時に利用した資料名および図書館名を書いてください」ということがある。「図書館を使った調べる学習」であることを示すことが要求されているわけである。このことは重要であるので後に検討したい。

それ以外の要件としては，作品の用紙や形に制限はないし，ページ数／文字数の制限として小中学生が80ページ以内，高校生以上は8万字以内（ワープロ

原稿でA4判50ページ，原稿用紙400字詰め200枚程度）となっている。実際の応募作品をみると，小学生や中学生はカラフルな表紙をつけて，画用紙や厚手の紙に図や写真をたくさん掲載したものが多い。一方，高校生や大人の作品は概ねワープロを使用して書かれA4判の用紙にプリントアウトした論文形式のものが多くなっている。

　こういう内容の要項に基づいて，作品の多くは夏休みに書かれて，10月半ばから11月いっぱいの応募期間に事務局に送付される。また，地域コンクールを経由する場合にも，この期間にコンクールが行われて選ばれた作品が全国コンクールの事務局に送付されることになる。

　ここで地域コンクールについて述べておこう。地域コンクールの開催団体は地方公共団体（教育委員会）が半数以上であり，それも教育委員会の学校教育課が実施しているケースと公共図書館と協同で実施しているケースがある。それ以外にNPO団体であったり，公立図書館であったり，博物館や図書館の連合組織であったりする[1]。2009年度は19地域がコンクールを行ったが，このなかでは7地域が初めての地域コンクールであった。注目されるのは，福岡県の宇美町でいきなり2125点の作品が寄せられたことである。地域を挙げて，調べる学習に取り組み，学校図書館の充実を図って，学んだことを発信する学習環境づくりに取り組んでいる[2]。

　今回，調査した袖ケ浦市の運営方法について概観しておこう。ここは地域コンクールを開催してすでに10年になる。コンクールの主体は，教育委員会が教員の研修のために設置した総合教育センターである。後に述べるが，ここには学校図書館支援センターがあって，市内の小学校8校，中学校5校の学校図書館支援の中心に位置づけられている。各学校では，図書館利用教育や総合的な学習の時間の一環として地域学習や環境学習に力を入れており，とくに夏休みの自由研究はそうした学習を行う重要な機会ととらえてそのための指導を行っている。夏休みに入って間もない7月下旬の半日は調べる学習の相談会が開催され，そこでは，調べる学習を担当している司書以外に博物館学芸員や教員，企業の研究開発部門の社員などさまざまな分野の専門家が一堂に会して，子どもたちおよび付き添いの父母に対して自由研究についてのアドバイスを行う。

市内全ての小中学校は，夏休み期間中にも開館して，学校司書が調査の相談に乗ったり資料利用の手伝いを行ったりしている。

そうして書かれた調べる学習の作品は毎年9月に学校ごとに審査され，優れたものは10月に開催される市のコンクールに出品される。そして，そこで選ばれたものが全国コンクールに提出される。市のコンクールの上位入賞作品は，展示会が開催されて一般の市民が目にすることもできるようになっている。袖ケ浦市では，2009年度は2016点の作品の応募があったが，学校レベルの審査と市レベルの審査の2回の審査会を経て，全国コンクールにはかなりレベルの高い作品が進むことになる。（詳しくは第3章参照）

2.3　審査の状況と審査基準

コンクールの審査であるが，全国での審査は一次，二次，三次，最終と4回の審査がある。また，地域コンクールでの審査で選ばれた作品は二次審査で一緒になって同じように審査に進む。先に見たように，2009年の状況だと応募作品の約8割（1万2500点）は地域コンクールでの審査対象であって，そのなかで地域での参加数に応じて規定数の作品が全国コンクールの二次審査に進むことができる。こうして，二次審査，三次審査，最終審査と進むに連れて優秀作品が選考される。

その概要は，図2.2に示したとおりである。二次審査の対象になったもので三次審査会に行けなかったものは「佳作」，二次審査会の対象になったもので最終審査会に行けなかったものが「奨励賞」，最終審査会の対象になったものは「入賞」と「優良賞」に分けられる。入賞は約30点で，小学校低学年・中学年・高学年，中学生，高校生の範疇ごとに数名が選ばれている。全応募数の0.2％にあたる。本書で受賞作品と呼んでいるのはこれらの入賞者の作品である。

最終審査の場に立ち会って，審査委員がどういうことを重視して審査しているのか観察したので概要をまとめておこう。

(1)　小学生作品の審査

審査基準として，テーマ設定や構成（論理性，流れ，読みやすさ），図書館（資料）がよく用いられているか，それ以外は文章力，見せ方，量などが議論

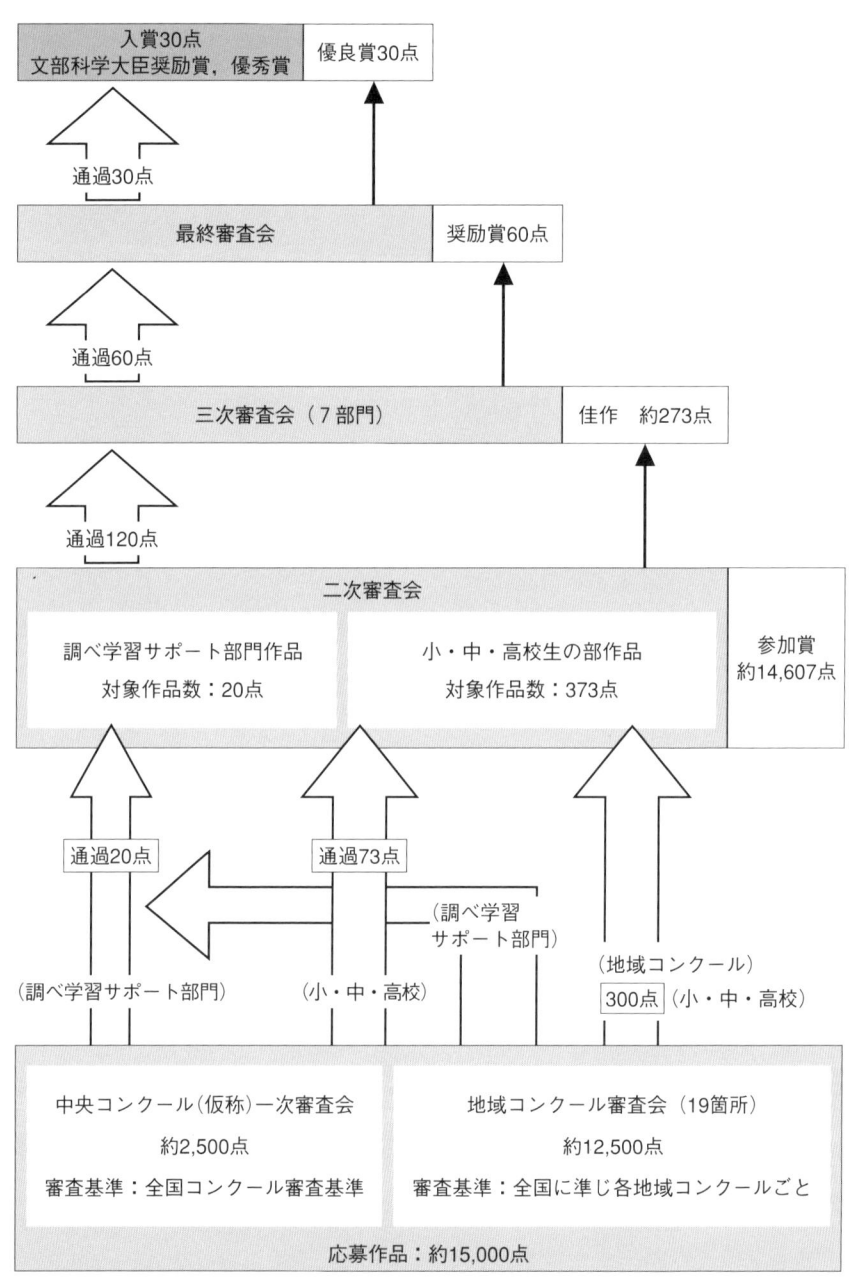

図2.2 第13回 コンクール審査・賞の流れ図

になった。高学年になると「仮説検証」が行われているかどうかも重要となってくる。読んだ資料を列挙しただけのものの評価は高くなかった。ただし，どの要素を重視するのかについては審査委員によっての違いも少なくなかった。

発達段階に応じた作品であるかどうかという基準もある。その学年の水準から優れている作品は評価されるが，学年らしさからあまりに逸脱していると評価されないという面も見られる。学年が下の子どもの作品は文章だけではなく，写真や絵を貼ったりして視覚的効果をねらったものが評価される傾向もあった。反対に，学年が上がると，形式よりは内容を重視した評価が見られた。

(2) 中学生・高校生作品の審査

内容は歴史，政治から科学にいたるまで多様になり，また表現方法も多様になる。このなかでは論理展開と全体の構成という評価要素を重視している傾向が見られた。表現については，大人顔負けの優れた文章を書いている作品についての評価は高かった。

そのなかでは，文献引用の書式の不備とテーマ設定が身の丈にあっていないという共通の欠点が指摘されていた。前者については，ウィキペディア（Wikipedia）に依存しすぎというのも含めて論旨を展開するのに必要かつ十分な文献がどこまでかを判断することの難しさが背景にあることが議論されていた。また，後者については，とくに社会問題について一方的な立場からの批判だけではなく「多様な言説をきちんと踏まえるべき」という意見が何度か見られた。つまり，テーマについての資料をどう集めてくるかでなく，適切なものを選んで残りをどうそぎ落とすかが問われている。

年々，応募作品の数が増えていて全体のレベルが上がっている。しかしながら，審査の場面では，一方では同じような作品が増えているという声があり，実際に最終選考に残ってくる受賞作の多くは特定の学校や地域で指導を受けたものである状況も見られる。「図書館を使った調べる学習」というコンクール自体が要求している要件を書き手および指導者がどのように理解しているのかが問われている。

この最終審査のあとに，各審査部会の部会長に集まっていただき，インタビューを実施した。その結果は，資料1として巻末に掲載しているので参照していた

だきたい。このなかからは，きわめて重要な発言を指摘することができるので，以下にまとめておきたい。

　まず，審査基準についてであるが，審査委員会にあらかじめ評価ポイントを列挙した紙が配布されている。項目をどのように使うのかについては審査委員によって違っているが，共通して重視されているのは，テーマの選定と論理展開である。テーマは自分の関心をどのように問いとして意識化し，さらに仮説にまで高めることができるかである。小学校の低学年や中学年までは，問いは問いとして発するとこまでで評価されているが，それ以上になると検証可能な仮説にすることが求められている。

　そして，テーマ選びと連動しているのが，問いを仮説にし，それを検証するために観察したり実験したりして得られた結果と文献調査に基づいて補足した結果をどのように表現するのかという論理展開の要素である。ここでの論理とは，文章としての説得力といってもよいかもしれない。学術論文であれば，それぞれの学問の方法に基づいた論文の標準的なレトリックがあるが，子どもたちが書くこういう作品においてもそれに準じた書き方が要求されている。「問い→（仮説→）観察・体験→（検証→）文献による確認」といった標準的な過程が念頭におかれているが，もちろん，発達段階や扱う分野によって違っている。学年が下のものほどこのなかの「仮説」「検証」の要素は小さくなり，上がるほど論文に近いものになっていくことが予想される。

　このなかで「文献による確認」という要素であるが，これは「図書館を使った」というコンクールの題目とも密接に関わっている。応募要領では，文献の引用方法とともにどの図書館の資料かも明記することが要求されている。この点について，審査委員のあいだでも少々の意見の相違が見られた。通常の学術論文においては，歴史や文学など文献を一次資料とする研究以外は，引用・参照文献は背景的な知識を明らかにすると同時にその研究の出発点になるものである。委員の間では，「図書館を使った調べる学習」なので文献資料を使うことを重視する立場と，調べるという行為において文献は背景的あるいは手段的なものであるという立場と2つのものがあるように見受けられる。

　そのなかで，資料1-Iのインタビューで今村正樹氏が述べているように，

「図書館を使った」とは「公共的な情報源を使うことの象徴的な表現」であるという指摘は重要である。サーチエンジンで検索したインターネット上の情報を無批判に使うのではなく，資料や情報を使用するときのルールと情報源そのものの評価について指導者が共通の認識をもっていることが要求されている。

　また，調べる学習の効果については，資料1－Ⅱで坂元昂氏が述べているように，観察や体験を知識に結びつける効果，自分の考えを整理し発信する効果，それによって，問題解決力を上げる効果や学ぶ意欲を増加させる効果といったものが共通して指摘されている。さらには，資料1－Ⅰで蔵元和子氏はそうした効果が学力を上げ上級学校への進学実績にも貢献しているといったことを指摘している。これらについては，このあと入賞作品を分析したり，入賞者へのアンケート調査を実施しているのでそれに基づいてさらに考察したい。

第 3 章 袖ケ浦市のすぐれた事例に学ぶ

　本章では，地域コンクールを開催し，また，全国コンクール参加者の2割ほどの参加者をもち，また，過去の入賞校ベストランキング14校のうちの7校を占めている千葉県袖ケ浦市の事例を取り上げて，教育委員会あるいは各学校レベルでどのような実践をしているのかを明らかにする。

　袖ケ浦市の調べる学習に対する取り組みがうまく展開した理由としては，まず，市が独自に読書教育という枠組みですべての学校の図書館について資料費をつけ，読書指導員という担当職員を配置することで整備に取り組み，これを支援するために物流システムや情報システムをつくり上げたことがある。そうした基盤の上に，学習指導要領の改訂で総合的な学習の時間が始まり，文科省のモデル事業を受けることで，一連の事業がさらに学校での学びに直結して一層の発展を遂げたということができる。地域コンクールの実施は，調べる学習がそれ自体直接教育評価の対象になりにくいものであったものを，可視化する効果をもっていたということができる。

　こういう学習過程の効果について，袖ケ浦市の教育関係者は，読書量を増やしその質を向上させたこと，そして図書館利用能力や情報リテラシー能力を向上させたことを指摘している。だが，習得型学習との関係について教師の意見は必ずしも一致しておらず，今後の検討課題となる。袖ケ浦市の実践は，図書館を使った学習が単に夏休みの自由研究のためのものではなく，学校カリキュラムにおいて新しい学習方法と教育評価法を引き出す可能性をもったものであることを示している。

3.1　袖ケ浦市の概要と調査方法

　本章では，「図書館を使った調べる学習コンクール」で多数の受賞者を輩出してきている千葉県袖ケ浦市を優秀事例として取り上げ，市の教育方針を検討したうえで，地域コンクールの実施過程や各学校単位の指導教育内容を調査し，

その教育的効果について考えたい。この事例調査を通じて袖ケ浦市の成功要因，市単位でのコンクールの実施のメリット，調べる学習から得られた教育的効果などが明らかになると思われる。

3.1.1　袖ケ浦市の風土と教育文化的背景

本題に入るまえに，袖ケ浦市のイメージをもってもらうために市の地理文化的な側面をみておきたい。袖ケ浦一帯は，以前は東京湾内の豊かな海と近代化された農業とともに，海山の幸に恵まれた純農漁業の町であったが，1970年代以降急速に進展した京葉臨海工業開発と内陸部における住宅開発により，その姿を一変させた[1]。袖ケ浦市域の人口は，臨海部埋め立てによる企業進出にともない急増した。1974年に3万人であった人口が1981年に4万人，1988年には5万人に達し，1993年市政へ移行し2010年現在6万人を超え継続的な人口増加を経てきている。

袖ケ浦町が市制へ移行した時期は，日本のバブル経済に陰りが見えているころで，産業都市を前面に打ちだした21世紀の将来像を描くことはできなかった。何よりも袖ケ浦市総合計画書に当たって基本イメージとしたのは，産業主体の行政からの脱却を図り，「人間を豊かにするような文化の重視」へと移行することであった。そのため，それまでの基本イメージ「光と緑の産業都市」から「産業」が抜け落ち，新たに「ひと」が加えられた「ひと，緑，光かがやくまち袖ケ浦」が袖ケ浦市の将来イメージとなった[2]。つまり袖ケ浦の教育施策は，産業重視から文化重視へという市の大きな青写真の一環として変化したことを理解する必要がある。

袖ケ浦市の初中等学校教育施設は小学校8校，中学校5校，高校1校が所在しており，公共図書館など読書施設5カ所や公民館・博物館などの社会教育施設が位置している。読書環境の面から考えると，人口6万人に読書施設が5カ所（うち公共図書館が3館）もあり，全館がネットワークで結ばれている恵まれたところである。

3.1.2　袖ケ浦市のこれまでの実績

2010年で第14回を迎える「図書館を使った調べる学習コンクール」（以下，コンクール）であるが，当初1千点弱であった応募総数は時間がたつにつれて

増加し,2009年度には1万点を超えた。地域コンクールを実施している自治体も2009年現在19団体に至るほどで量的・質的成長をしてきた。こういったコンクールの成長推移のなかでも目立つ地域が袖ケ浦市である。袖ケ浦市はコンクールの初期にも児童生徒による個人的な応募があったが,2000年度からは市内の学校における調べる学習の成果を出す場として市コンクールを開き実施している。全国コンクールの作品応募総数のうち袖ケ浦市からの応募は,2009年現在,全数の1割を超える量的位置を占めている。受賞の履歴からみても入賞校のベストランキング14校のなかに袖ケ浦市の学校7校が入っており,質的にも一定の成果を上げていることがわかる(表3.1)。

コンクール入賞校のなかで袖ケ浦市の学校は,応募作品の量においても質においても圧倒的な実績をもっている。ほかが比較的よい教育環境を揃えている私立学校であるのに対して,袖ケ浦市の公立学校がおしなべてすぐれた成果を出していることはとくに注目する必要があると思われる。

3.1.3 調査方法

市の教育や対象学校の教育に関する文献の検討と並行して地域コンクールと関わりのある市の教育委員会,総合教育センターの学校図書館支援センター,公共図書館を訪問し図書館を使った教育課程への考え方や支援内容についてイ

表3.1 入賞校ベストランキング

順位	学校名	地域	人数(名)
1	袖ケ浦市立奈良輪小学校	千葉県	21
2	山梨英和中学校	山梨県	16
3	茗溪学園高等学校	茨城県	15
4	袖ケ浦市立中川小学校	千葉県	13
4	八戸聖ウルスラ学院小学校	青森県	13
4	八戸聖ウルスラ学院高等学校	青森県	13
5	袖ケ浦市立長浦小学校	千葉県	7
5	袖ケ浦市立蔵波小学校	千葉県	7
5	仙台白百合学園小学校	宮城県	7
6	袖ケ浦市立昭和中学校	千葉県	6
7	袖ケ浦市立昭和小学校	千葉県	5
7	慶応義塾普通部	神奈川県	5
8	袖ケ浦市立平岡小学校	千葉県	4
8	茗溪学園中学校	茨城県	4

注) 入賞人数 2009年10月現在

表3.2　袖ケ浦市の調査日程

調 査 日	調　　査　　先
2009年11月16日	市教育委員会・学校図書館支援センター
2010年 4 月23日	市読書教育推進会議・司書教諭研修会
6 月 3 日	奈良輪小学校・蔵波中学校
7 月29日	中央図書館（夏休み調べ学習相談会）
8 月19日	奈良輪小学校・蔵波中学校，長浦おかのうえ図書館（図書流通システム）
9 月 2 日	中央図書館（学校への協力サービス）
9 月30日	蔵波中学校（夏休み課題のクラス発表会）
10月20日	市コンクールの 2 次審査
10月23日	市コンクール受賞作品の展示・発表会
11月 4 日	蔵波中学校（夏休み課題の学年発表会）

ンタビューを行った。また，読書教育に取り組んでいる代表的な学校を訪れ，授業の様子を見学参観し担当教師や学校司書にインタビューを実施した。詳細な調査日程は表3.2に示した。

3.2　地域コンクール実施の経緯

　一連の調査を通じて，袖ケ浦市が地域コンクールを円滑に行ってきた背景には，コンクール以前から存在した読書教育への取り組みの歴史やコンクール実施以後にも続いているさまざまな読書教育支援体制があることがわかった。袖ケ浦市はコンクール実施の10年前から，市の教育重点施策として読書教育を採択し持続的に市内の学校図書館整備に努力してきた。最初，市内学校図書館の運営においては読み物の読書活動の定着に力が入れられたが，総合的な学習の時間を試行しはじめた時期を起点として調べ物を中心とする読書活動にも力を入れた。その過程のなかで生まれたものが地域コンクールであり，コンクールの実施後には，文部科学省による読書・学校図書館関連事業の指定を受けたり学校図書館支援センターを設置したりするなどの支援体制を構築し，調べる学習を定着・普及・発展させている。

3.2.1　市の教育重点施策

　袖ケ浦市の読書教育推進のきっかけは1993年市制施行にともなった新しい教育重点施策の設定である。地域が行政改革という大きな転換を迎えたとき，読書教育が目玉教育施策になったのである。

その背景には、当時重視されたコンピュータ教育とのバランスの面が意識され、またそれには当時の教育長の考えが働いたという[3]。袖ケ浦市には1988年からほかの市よりも早くコンピュータ設備が導入された。そのとき、子どもの情報教育のためにはコンピュータ教育だけではもの足りず、心の面の教育も必要であるという考えが読書教育に着目する契機になった。それに加え、当時の市の教育長平戸襄氏の考え方も読書教育に取り組むきっかけとなった。当時、平戸氏は同じ千葉県の市川市の教育長と意見交換や交流があり、読書教育の先行地域であった市川市の実践に影響を受けた。教育長の市川市の実践に対する肯定的な評価が袖ケ浦市の教育施策樹立につながったのである。

袖ケ浦市が全国規模のコンクールを受け、市独自で市内小中学校の児童・生徒を対象に同様の趣旨のコンクールを行った理由の1つは、市内教職員の資質・力量の向上と授業改善があげられる[4]。市が自分たちの手で、調べる学習コンクールを企画・立案し、市内全校の教職員、および児童生徒、保護者、関係機関に呼びかけ、審査まで行おうとするのは、新たなる授業改善の視点を自分たちで学んでいこうとする現れであるとした。さまざまな視点で教育改革が求められているなかで、最も重要なものは、一人ひとりの教職員の資質・力量の向上と、それを礎にする日々の授業の改善であるということを認識し、それを市内の学校教育で実現する方法としてコンクールの実施を企画した。

このように袖ケ浦市の読書教育推進の発端は行政主導であり、トップダウン式の展開であったことが特徴である。上から下へと効果的な読書教育を推進することが学校図書館整備や学校関係者の意識向上を促し、調べる学習の展開に結びつき、地域コンクール開始も可能になったといえる。

3.2.2　学校図書館整備への取り組み

袖ケ浦市は、学校図書館を教育課程の中心として欠くことのできないものとすべきであるという認識に立って、学校図書館の「人」「もの」「情報」のネットワークを整備してきた[5]。1991年度から図書購入費が予算化され、蔵書管理システムの構築も行われた。しかし、ものの整備だけでは学校図書館利用の限界がみえた。市教育委員会の指導主事が各学校にアンケートを実施した結果、人の必要性が挙がってきたことから、1995年度から読書指導員（学校司書）が

配置されはじめた。

1997年度には市内の公共図書館と学校図書館をつなぐ図書流通システムを稼動させ，1998年度から始まった文部省「学校図書館情報化・活性化推進モデル地域事業」で学校図書館の学習・情報センター化が図られた。この事業を始めた時期はすでに読書指導員の全校配置が完了（1999年）し，校内で「読む活動」が定着していた。文部科学省からは総合的な学習の時間の創設を含む新学習指導要領が発表された時期でもある。これらを背景にして，さらに教科授業で調べる学習を始める学校が現れたのである。

袖ケ浦市自体の「図書館を使った"調べる"学習賞コンクール」を開催しはじめたのは2000年度のことである。地域コンクールをスタートできたのは，1990年代に市内の学校図書館を教育に役に立つよう整え一定のレベルのものに達したという実績があったことにある。2001年度には市独自の「学び方ガイド」が作成され，修正・補完を加えながら現在まで使われている。

2006年度からは再び文部科学省の指定研究（「学校図書館支援センター推進事業」）として取り組み，2007年度に「読書教育サミット in そでがうら」の開催や文部科学省指定の「『読む・調べる』習慣の確立に向けた実践研究事業」を実施し，2009年度には「子ども読書の街」として文部科学省指定を受けている。

3.2.3 読書教育の歩み

学校図書館環境のインフラが整った初期，市は本好きな子どもの育成に力を注いだ。読み物中心の読書教育が徐々に根付いていくなか，文部省からの指定事業を受けることになった。1998〜2000年度にかけて文部省から指定を受けた「学校図書館情報化・活性化推進モデル地域事業」が調べる学習を始めるきっかけとなった。当時は新しい学習指導要領が告示された時期で，改訂の目玉は「総合的な学習の時間」の新設であった。2002年度から施行された総合的な学習の時間は「自ら問題を見つけ，自ら学び，自ら考え，主体的に判断し，よりよく問題を解決する資質や能力を身につけたり，学び方やものの考え方を身につけ，主体的に学んでいく児童・生徒を育てること」をねらいとした。そのための方策として注目されたのが調べる学習という学習形態である。

市が調べる学習を奨励し，児童・生徒の調べる学習への意欲をさらに高める

とともに，調べる学習の手段や方法をいっそう向上させ調べる学習の中心的な場となる学校図書館や公共図書館の活用を奨励しようとする機会として採用したのが地域コンクールの開催であった。地域コンクールの実施は国の教育方針の変化，それに合わせた市の読書教育の方向性の変化にともなったものであった。インタビューによると[6]，地域コンクール実施以前にも個人的に全国コンクールへ出品したものが受賞することがあり，教育委員会もコンクールについて関心をもつようになったという。また，別の要因としては袖ケ浦市の図書目録マークを提供していた図書館流通センター（TRC）から地域コンクール実施を勧める働きかけもあって地域コンクールがたやすく実行された面もあるという。その間やってきた学校図書館整備事業を締めくくる意味合いもあって地域コンクールの実施が決まった。

もう1つの面として，当時理科系の自由研究については全国単位のコンクールがあったが，人文系論文のコンクールが見当たらず，すぐれた人文系の自由研究作品が校内でとまってしまうという問題点が提起されたことがある。学校図書館を使った成果物として評価をもらえるものが読書感想文・読書感想画くらいしかなかった従来に比べ，図書館を使った調べる学習を論文の形式として展開させたことは，学校図書館でできる活動範囲を広げたといえる。これは，読書教育の歴史からみても意義深いことであるといえよう。

3.2.4　行政的支援体制の構築

袖ケ浦市のコンクールの開催が順調に発展してきた背景には，国や市からの行政的な支援があったことも見逃せない。最初の文部省指定事業は1998年の「学校図書館情報化・活性化推進モデル地域事業」であった。このころ袖ケ浦市と一緒に指定を受けた他の地域（全国74市町村）はまだ蔵書購入・図書流通システムの構築・目録の電算化がされていなかったため，それら学校図書館インフラの整備に経費を使った。一方，1991年以来，自ら学校図書館の整備をしてきた袖ケ浦市の場合は，これにより独自の事業（学校図書館の学習情報センター化，つまり調べる学習の取り組み）を展開することができた。豊かな行政的な支援のなかで調べる学習の試みが始まり，ノウハウが蓄積できたことが推測できる。

その後の文部科学省による読書関連事業として，2006～2008年の「学校図書

館支援センター推進事業」を受け，2007・2008年には「『読む・調べる』習慣の確立に向けた実践研究事業」を受けて，2009年から「子ども読書の街」の指定も受けるようになっている。

さらに，2005年に市教育委員会が運営する総合教育センターへ学校図書館支援センターを設置したことは，市内のどの学校でも質の高い均等な読書教育を実現するにあたって大きな役割を果たしていると評価したい。袖ケ浦市が人・もの・情報のネットワーク化を構築していくにつれ，1つの学校図書館に関連した市内の機関・部署も多様になり，一人の学校司書がそれぞれを管理・調整することも難しい場面も増えて，該当機関・部署の間のコーディネートが必要となった。そこで学校図書館現場の観点から市の関連業務を総括して調整する学校図書館支援センターが求められた。学校図書館支援センターは，日常的な学校図書館支援に関する細かい管理・調整，読書指導員の研修や司書教諭への日常的な指導・助言，中央図書館・博物館との流通に関する調整などの業務を行っている。地域コンクールにおいても募集から入賞作品のアーカイブまで全プロセスにかかわるといっても過言ではない。

以上，袖ケ浦市で行われた学校図書館整備および関連事業をまとめると，主要な流れは図3.1のようになる[7]。この図において，左上から右下にかけて事業が順々に展開されていることがわかるが，これは，資料，人，物流といった条件整備から，実質的な教育課程に関わる支援体制の整備へと拡張されていったことを示している。このことは重要なので，最後にもう一度振り返る。

3.3 地域コンクール実施の内容

袖ケ浦市のコンクールの中身を詳しく検討するためコンクール全体のプロセスを段階に分けて，現在までの実施状況を調べた。

3.3.1 コンクールのプロセス

地域コンクールは年に1回実施されている。全国コンクールの応募期限に作品提出を間に合わせるように日程を組んでおり，図3.2のようなプロセスで行われる。大部分の応募作品は，夏休み前の授業で学んだ調べるスキルを活用しながら夏休みの課題（自由研究）として作成され，夏休み終了後に修正・補完

年	図書購入費	蔵書管理システム	専任職員配置	図書流通システム	学習・情報センター化	学び方の育成	文科省の指定事業
1991 (H3)	予算化1校100万円	小学校に導入					
1992 (H4)		中学校に導入					
1993 (H5)	1校70～100万円						
1995 (H7)			試行的に配置				
1996 (H8)			小学校全校に配置		オンライン化検討委員会		
1997 (H9)				小学校に導入			
1998 (H10)		新機種に変更		中学校に拡大	コンピュータ・FAX電話・コピー機などの設置		「学校図書館情報化・活性化推進モデル地域事業」
1999 (H11)			中学校全校に配置		図書掲示板・図書検索システムの導入		
2000 (H12)						第1回調べる学習賞コンクールの実施	
2001 (H13)						小学校学び方ガイド作成	
2002 (H14)						中学校学び方ガイド作成	
2004 (H16)				郷土博物館の資料の物流化			
2006 (H18)				郷土博物館資料の材パッケージ化			「学校図書館支援センター推進事業」
2007 (H19)							「『読む・調べる』習慣の確立に向けた実践研究事業」
2009 (H21)							「子ども読書の街」

図3.1　袖ケ浦市の学校図書館関連取り組みの流れ

| 前期 | 夏休み | 後期 |

募集⇨指導⇨作成⇨支援⇨修正・補完⇨校内・市内審査⇨展示・発表⇨アーカイブ
　　　　└─────作品作成─────┘

図3.2　袖ケ浦市コンクールの流れ

を行い校内審査および市内審査を受ける。市内審査で入賞した作品は市民会館で展示・発表される。最終的に入賞作品は学校図書館支援センターよりその複製本が作られ各学校図書館へ配布され，各校で保管されて自由に閲覧の対象になる。

(1) 募　集

教育委員会（総合教育センター）は，年に2回読書教育推進会議や司書教諭研修会を主催して市内の読書教育に関する方針や計画を話し合う。読書教育推進会議には市内全ての小中学校の司書教諭や読書指導員が集まり，年度初の会議ではその年度の市内コンクールについての事項が論議される。2010年4月23日に参観した本年度1回目の読書教育推進会議でもコンクールのことが取り上げられ，より多くの子どもたちが応募するよう図書館担当者の支援活動を求めていた。

(2) 指　導

図書館を使った調べる学習の指導は，市が独自に刊行した「学び方ガイド」を手がかりにして行われている。学校カリキュラム上どの時間に何を教えるかのガイドラインである学び方ガイドは市の研究指定校を通じて開発された。奈良輪小学校がその研究校となり，読書教育を行いながら研究課題の1つとしてガイドラインの草稿を作成したのである。教育委員会や学校図書館支援センターは，奈良輪小学校がつくったものをもとに完成させた学び方ガイドが市内に普及するように働きかけている。

学び方ガイドは，袖ケ浦市の調べる学習のための地域カリキュラムとして機能することを目的として作成されている。学び方ガイドには学年ごとの内容構成がわかる指導表の例が載っており，指導表に示された単元の指導内容，そのとき必要なワークシートなどが掲載されている。小学校の場合は，低・中・高

表3.3 袖ケ浦市小学校学び方指導表(例)

	低学年	中学年	高学年
集める	1．あると便利な道具とその活用 2．学校図書館のつかい方	3．図書の分類 4．本の並び方とつくり 5．公共図書館の使い方 6．博物館での調べ方 7．百科事典の使い方 8．新聞記事の使い方 10．フィールドワークの方法 11．電話のかけ方 12．ファックスの使い方 13．インタビューの仕方 14．アンケート調査のとり方 15．お礼の手紙の書き方 17．インターネットの利用法	7．百科事典の使い方 9．統計資料の利用法 16．デジタルカメラの使い方 18．電子メール（e-mail）の利用法
整理する		21．記録カードの作り方	19．ファイル資料の作り方 20．資料リストの作り方
まとめる	22．カードにまとめよう 23．紙芝居でのまとめ方	24．いろいろなまとめ方を知ろう 25．新聞のまとめ方 26．掲示物にまとめよう	27．図や表による要約法 28．報告文（レポート）にまとめよう 29．パンフレットにまとめよう
発表する		30．調査研究の発表法 32．ワークショップの開き方 33．ポスターセッションの進め方	31．視聴覚機器の利用法 34．話し合いの仕方 35．パネルディスカッションの進め方 36．ディベートの仕方
ワークシート	1．本のなかまを知ろう	5．記録カードをつくろう	2．年鑑で調べよう 3．資料リストをつくろう 4．資料リスト 6．資料のまとめ方
資料		2．袖ヶ浦市役所に聞いてみよう！ 3．市立図書館・郷土博物館案内 4．官公庁・各種団体一覧 5．日本十進分類法一覧	1．著作権について学ぼう

注）袖ケ浦市教育委員会「袖ケ浦市小学校学び方ガイド」2008，p.2。1から36の番号は，「学び方ガイド」の項目番号を示している。

学年の3つに分けて「集める」「整理する」「まとめる」「発表する」各段階に必要なスキルが36項目と指導に使うワークシートや資料一覧が示されている。中学校の場合は，「集める」「整理する」「まとめる」「発表する」スキルが「国語」「社会」「数学」「理科」「音楽」「美術」「保健・体育」「技術」「家庭」「英語」など全ての教科のどの学習単元で指導できるかが例示されている。すなわちガイドラインでは児童生徒の発達段階や教科内容を考慮し，教科・総合的な学習の時間などを活用して調べるスキルを指導できるよう具体的な案を提供している。また，袖ケ浦市の地域環境や地域資料などを活用するように導いて，袖ケ浦市に特化したカリキュラムになっていることがわかる。小学校の指導表を表3.3に示してあるので参照されたい。

(3) 作　成

コンクールに応募される作品の多くは夏休み課題の自由研究として作成されたものである。自由研究には読書感想文，ポスターなど他の課題も選択できるので，調べる学習コンクールに出品する作品にするかは，まったく子どもに任されているが，参加率は相当高い。2010年の小学校の場合，5000人ぐらいの児童のなかの約半数の子どもが自由研究に取り組んだという[8]。より簡単にできる課題があるにもかかわらず，調べる学習を選択する子は年々増えている。

調べる学習の作品は日常生活で思った身近な疑問から始まる場合が多く，課題の設定，情報の収集，整理・分析，まとめ・表現といった一連のプロセスにそって行われる。袖ケ浦市の作品の内容は，調べようと思った理由，調べた内容（図書資料のみならず実験・体験などを含む），感想，参考資料で構成されているものが多かった。作品の作成は基本的に児童生徒が自分で行うが，実際その過程には教師・司書・家族のみならず，親類，専門家，地域住民などさまざまな人の協力を得ることが必要となる場合が多い。

(4) 支　援

夏休み中の調べる学習の支援のため，市内全ての小中学校図書館は一定期間開館し資料利用とレファレンスサービスを提供し，公共図書館は調べ学習相談会の場を提供し，レファレンスサービスにも対応している。市内の学校図書館は全館冷房設備が整っており，夏休みの開館は教員と読書指導員が常駐しなが

(第1室：前年度受賞作品の展示)　　(第3室：テーマごとのブース)
図3.3　調べ学習相談会の様子

ら約10日間行う。夏休み中には児童生徒のみならず家族と一緒に来館することもできるため、熱心な保護者は子どもと図書館に訪れ、読書指導員や教員に積極的に質問する場合もある。

　中央図書館で2010年7月29日に行われた調べ学習相談会では、保護者やきょうだいとともに相談しに来た子どもが多数見受けられた（図3.3）。会場は図書館の2階が3つに分けられ、第1室は受賞作品の展示コーナー、第2室は「調べ方」のブースが3つ、第3室は「歴史・郷土、体・健康、気象・宇宙、環境・エコロジー、食、昆虫・植物、動物全般、科学全般」のブースが1つずつ設けられた。第3室のテーマごとのブースには自然科学系が多いことが特徴であった。展示コーナーには市内の優秀作品が展示された。訪れた子どもは受付のデスクで相談したいブースの番号表をもらい、順番に相談を受ける。各ブースでは地域の研究所、病院、機関、学校などからの協力を得た専門家が相談に対応する。相談の内容はテーマ設定の困難さ、具体的な専門分野の知識、資料の調べ方、作品のまとめ方など子どもの作品作成の進捗程度によってさまざまであった。調べる学習の経験の少ない低学年の子は思いつきの質問を発することも多く、同伴の保護者が代わりに聞き取りをすることも少なくなかった。一方、高学年や中学生は、一人あるいは友だち同士で訪れ、あらかじめ質問事項を用意し自分でメモをとる様子が見られるなど相談する子どもの態度もさまざまであった。

　袖ケ浦市の中央図書館は、この日のために調べ学習相談会の場を提供すると

ともに，常に子どもの調べる学習のための空間を設けている。中央図書館の閲覧室のなかに小・中学生の調べる学習の便宜を図る専用席があり，その隣には百科事典など子ども向けの参考図書の本棚が置かれている。市内に広がった調べる学習によって公共図書館の児童のための閲覧空間に普通のものとは異なるスペースが生み出されている。ここには，公共図書館が施設設備の面においても学校の教育活動へ協力する体制がある。レファレンスにおいては，保護者向けの図書館を使った調べる学習案内のリーフレットを作成・配付し，とくに2010年には初めて公共図書館発の「夏休み調べる学習のためのパスファインダー」がつくられた。当時スペースシャトル「ディスカバリー」に日本人飛行士が搭乗したことが話題になり，宇宙についての問い合わせが多いことを予想して準備したものであった[9]。調べる学習を支援するため袖ケ浦市の公共図書館は図書物流システムに資料を提供するだけでなく，施設設備やレファレンスサービスなどにも協力している。

　⑸　修正・補完

　夏休み直後提出された作品の完成度の差は大きいという。5ページのものから50ページ以上のものまで量の差がある。量が少なくても発想がよいものもあり，夏休み直後の作品の出来よりは子ども本人がコンクールへの出品を希望するかが重視され，希望者に限って作品の完成度を高める指導が行われる。夏休み後，作品指導が行われる9月は体育祭などで学校全体が忙しい時期であるため放課後，休みの時間などを利用しながら指導を行う。

　⑹　校内審査・展示・発表

　奈良輪小学校の校内審査を例にしてみると，夏休みの課題が提出されたら9月第1週目に担任教師が審査を行う。市コンクールに上がる作品は学校の規模によって数が制限され奈良輪小学校の場合（12学級，343人）は学年ごと6点，全校で36点が割りふられていた。担当教員の言葉を借りると，校内コンクールを始めた初期には受賞に当たる作品があまりなかったが，近年は完成度の高いものが多くて審査が難しいぐらいであるという[10]。校内コンクールの受賞作品は校内で保護者を対象にして展示会を行う。こういう展示会は保護者に調べる学習の存在を知らせ，児童にとっては作品の見本をみる機会となる。

(市内審査会)　　　　　　　　　(「学びフェスタ」の発表会)

図3.4　市内コンクール審査・発表会の様子

(7) 市内審査・展示・発表

　市内審査会の審査委員は市内小・中学校の教員，教育委員会のスタッフや外部の専門家などで構成され，小学校の低・中・高学年，中学校のグループに分けて各4～5人の委員が審査を行う。審査委員は各自作品を綿密に検討したうえで，学年ごとに割り与えられた数に合わせて議論を行いながら優秀作品を選抜する。

　市コンクールの優秀作品は，保護者や市民，児童生徒，教職員を対象に展示・発表を行う。各学校の学びの成果を紹介する場として年に1回市民会館で「学びフェスタ」という行事が行われ，このなかで前年度教育長賞と総合教育センター所長賞の受賞者が大ホールの市民の前で発表を行い，中ホールでは今年度の優良賞以上に選ばれた作品を展示する（図3.4）。

(8) アーカイブ

　各学校図書館は校内の優秀作品を保管し児童生徒が見本として閲覧できるようにしている。また，市の学校図書館支援センターは市内コンクールで受賞した優秀作品を複製・整理して各学校図書館に提供している。作品をつくる過程において行き詰まったとき，子どもが自分の知識範囲や関心に近い作品を参考にすることは役に立つという。毎年類似した作品がつくられることを避け，前年度の作品に一工夫した調べる学習を導く効果も期待できる。

3.3.2　実施状況

　全国コンクールにおける袖ケ浦市の応募者数と受賞者数をみると表3.4のと

表3.4　袖ケ浦市の応募者・入賞者の推移[11]

年度	応募者(人)	受賞者 （人）			
		文部科学大臣奨励賞	優秀賞　（特別賞を含む）		佳作	合計
1998	−		奈良輪小1		中川小1	2
1999	−		長浦中1 奈良輪小1		長浦中1	3
2000	512		奈良輪小3 教育委員会1		奈良輪小1	5
2001	290		奈良輪小3 昭和中1		奈良輪小2 中川小1	7
2002	302	奈良輪小1 昭和中1	奈良輪小2		奈良輪小2 蔵波小1	7
2003	326	奈良輪小1	昭和小1　奈良輪小1 長浦小1　平川中1 中川小1　蔵波小1		幽谷分校1 昭和中1 奈良輪小2	12
			優秀賞	優良賞		
2004	388	中川小1 昭和中1	蔵波小2 奈良輪小1 中川小2 平岡小1 教育委員会1	蔵波小2　昭和中1 昭和小1　平川中1 長浦小1　蔵波中2 中川小5 奈良輪小3 平岡小1		69 (26)
2005	2066	長浦小1 中川小	奈良輪小1 蔵波小1 中川小3 昭和中1 平川中1	昭和小1　昭和小5 長浦小2　長浦中1 根形小1　平川中1 中川小3　平岡小4 幽谷分校1 蔵波小6 奈良輪小5		113 (39)
2006	2294	長浦小1 根形小1 蔵波小1	長浦小2 中川小1 平岡小1 蔵波小1 奈良輪小1 蔵波中1	昭和小4　昭和中1 長浦小3　平川中1 根形小1　蔵波中2 中川小5 幽谷分校2 蔵波小4 奈良輪小3		96 (39)
2007	1890	奈良輪小1	昭和小1 中川小1 蔵波小1 平川中1 公共1	昭和小4　昭和中2 長浦小3　長浦中1 根形小2　平川中3 中川小4　蔵波中1 平岡小5 幽谷分校4 蔵波小4 奈良輪小6		96 (45)
				優良賞	奨励賞		
2008	2116	中川小1	昭和小2 長浦小1 根形小1 奈良輪小1 昭和中1 平川中1 公共1	小学校22 中学校3	小学校7 中学校3		101 (44)

注) (　) は奨励賞以上の数

おりである。市コンクールを実施する2000年度以前は市の応募者数がどのぐらいであったかわからないが，奈良輪小学校，長浦中学校などの受賞があったことが確認できる。応募者数は年によって変化があったものの，2005年度以後は千人を超えた応募があることがわかる。また，受賞する学校も初期には特定の学校に限られていたり，小学校に集中していたりしたが，だんだん市内全域に広がっていることが確認できる。受賞者を持続的に多く輩出している学校としては，奈良輪小学校が目立つ。

3.4　各学校での実践

実際各学校が児童生徒の調べる学習をどのように支援しているかをみるため，先駆的に読書教育に取り組んできたと評価されている奈良輪小学校と蔵波中学校を訪問し，図書館を使った調べる学習の授業を参観し担当教師・読書指導員，場合によっては管理職教師などへインタビューを行った。

3.4.1　奈良輪小学校

(1)　学校の概要

①学校の規模

奈良輪小学校の児童は2010年5月1日現在，1学年2学級ずつ計12学級編成であり，1学級は23～33人で構成されて計343人である。教職員は，管理職，養護教諭を含んで教諭20人である。司書教諭は4年生の学級担任でありながら学年主任を兼任している。職員は11人（市非常勤職員，市委託職員などを含む）であり，読書指導員は市の非常勤職員として配置されている。

②学校図書館

・施設・設備…図書室は校舎の2階に位置し，1学級が授業可能な空間構成になっている。図書館専用の電話・FAXやコピー機，検索用PC 3台，映像装備が設置されている。

・蔵書・メディア…校内資料約8千冊以上および市内の図書流通システムを使った資料利用や，必要によっては国立国会図書館から資料の取り寄せも行って利用できるようにする。

・人・組織（2009年度現在）…教職員：司書教諭および読書指導員が各1人，

校内読書感想文審査会・調べる学習賞審査会を担当する図書部の教師が各学年1名ずついる。奈良輪小学校では司書教諭に週1時間の「司書教諭の時間」を与え，その時間に読書指導員との綿密な会議，調べる学習授業の準備，校内図書館活用の全体的な状況把握などをしている。袖ケ浦市でこの措置を採用しているところは奈良輪小学校と蔵波小学校のみである。

児童図書委員会：5・6年生各クラス4名程度が図書の貸し出し，返却，本棚の整理，児童向けの図書便りの発行，読み聞かせ，読書週間計画などに協力する。

保護者など：「奈良輪らっきー隊」という読書ボランティアグループが読み聞かせを行う。活動については，月1回の話し合いをもとに計画を立てて実施する。司書教諭が要望・調整にあたる。地域を対象に図書整理を手伝ってくれる図書ボランティアを募集している。

③学校教育の特徴

・学校教育目標…奈良輪小学校はめざす'奈良輪っ子'として，やさしい子，かしこい子，たくましい子の3つの像を掲げ，生きる力を通じて未来を創る心豊かでたくましい子の育成を学校教育目標としている。

・学校経営の重点と努力目標…「奈良輪っ子」を育む教育活動として努力目標3つ「やさしく」「かしこく」「たくましく」のなかで，「かしこく」目標の達成のために学びあう子，よく考え行動する子の育成をねらい，その具体的な項目の1つとして調べる学習・読書指導の推進，情報活用能力の育成に努めることが取り上げられている。

・特色ある学校づくり…2本の柱の1つとして「ふるさと奈良輪」があり，ここで自然，人，歴史を生かした教育活動とともに「読書の奈良輪小」の継続とさらなる発展が挙げられている。

・学校の研究主題…「子ども達の目が輝く授業をめざして」という大主題のもとに算数教育と読書教育の下部主題に取り組んでいる。読書教育は「生きる力」を育むために，発達段階に応じ目的をもった読書活動の指導の在り方を明らかにすることを研究目標としている。

・その他…学校のシンボル・キャラクターとして「本多君(ほんだくん)」という本をイメー

ジしたものがある。

(2) 読書教育

①学校の読書教育の歩み

　1995年度から読書教育に取り組み，1996年度には読書指導および学び方指導について研究・実践を行い，公開研究会を開催している。「学び方指導の系統表」は，このとき作成されたものであり，図書館利用指導が系統的に示されている。そして，この系統表は子どもたちの実態や指導内容に合わせ毎年改訂しながら活用している。2007年度は「読書サミット」として奈良輪小学校が積み上げてきた読書指導を全国に公開した。奈良輪小学校の読書教育は十数年前に始められてから持続的に行われてきた点，司書教諭・読書指導員に限らず校内の教職員全員が取り組もうとしている点が評価できる[12]。

②読書教育関連カリキュラム

・上述したように学校教育の努力目標，特色づくり，研究主題で読書教育にふれている。

・日課表には奈良輪タイムという10分間の朝の読書（朝読）を運営している。朝読の時間には1週間のプログラム（月：音読，火水木：読み聞かせ・自由読書，金：感想を書く・自由読書）を組んで行われる。

・読書指導年間計画表が学年ごとに設けられている。読書指導年間計画表と別に学校の「学び方系統表」があり，それをもとに学び方の指導を行っている。この学び方系統表は学年ごとの年間指導計画であり，ある程度の系統性をもたせつつ毎年少しずつ更新させながら使っている。市が提示したガイドラインの指導表より，さらに具体的な時間編成や指導内容のアイデアを提供している。

・コンクールに応募する作品は夏休みの自由研究課題としてつくったものである。自由研究課題は読書感想文，理科論文，科学工夫工作などとともに選択課題であるが，校内の8割の子どもが自由研究課題を選ぶほど，夏休み中に調べる学習を行う場合が多い。そのため夏休み中に10日間ぐらい学校図書館を開館して支援している。夏休みの開館日に訪問したとき（2010年8月19日）も親子連れで閲覧席の半分以上が埋まるほど高い利用率を見せた。

③調べる学習授業の一例（図3.5）
・参観授業日時：2010年6月3日木曜日10：30～11：15
・授業者：司書教諭（星野ひろみ），ゲスト教師，読書指導員（中村千秋）
・授業学級：4年2組
・教科：総合的な学習の時間（奈良輪環境プロジェクト）
・授業の流れ

　まず，司書教諭は前回の授業であった奈良輪地区のフィールドワークで得られたことを子どもに発表させた。子どもは，先行学習の確認として観察したことや思ったことをワークシートに書いて自発的に発表した。発表された内容に教師が説明を付け加えながら理解を深める。

　本授業の学習内容としては，前回フィールドワークの結果と結びつけて海に面している地域である奈良輪とその暮らしについて教師が説明を行った。例として埋立地が挙げられ，ゲスト教師による補足の説明が続いた。ゲスト教師は地元出身で，地域の漁業と関連した暮らしに詳しい教師であった。郷土博物館から借りた資料（地図・写真・パネルなど）が使われた。

　子どもは，ここまで教師から聞いた内容をまとめて発表を行った。児童がメモを取るときは，教師が教室を回りながら指導を行った。さらに，ここから子どもたちが独自に行うテーマ設定について指導が入った。大体の子どもが大きいトピックをもっている場合が多いため，テーマの絞り方について説明された。また，テーマの調べ方については，本で調べるかあるいは専門家に聞くことが

（テーマ設定について説明）　　　　　（インターネットでも調べる）

図3.5　奈良輪小学校の調べる学習授業の様子

勧められ，インターネットの利用の場合は情報が多すぎて選ぶのに時間がかかってしまうことから，まず本から調べる方法を推薦した。最後に各自テーマによって図書館内の資料を使って調べる活動を行った。

3.4.2 蔵波中学校
(1) 学校の概要
①学校の規模

　蔵波中学校は2010年度現在，16学級，446名の生徒が在籍しており，教職員の数は36名である。司書教諭は１年生の担任である国語科教師が担当しており，読書指導員は奈良輪小学校と同じく市から学校へ派遣された市の職員として位置づけられている。

②学校図書館
- 施設・設備…図書室は，３つの校舎のなかで本館後ろの建物の３階に位置し，隣には理科室など特別教室とともに置かれている。１学級が授業可能な空間構成になっており，図書館専用の電話・FAXやコピー機，検索用PC３台，映像装備が設置されていることは奈良輪小学校と同じ様子である。
- 蔵書・メディア…校内資料が９千冊以上になり，市内の図書流通システムを使った資料利用も行っている。市の郷土博物館から展示品を借り，授業や活動のために視覚に訴える支援をしている。
- 人・組織…教職員：各学年教員１人に加え司書教諭と読書指導員が各１人である。生徒図書委員会：カウンターの当番，延滞本の減少のための広報活動，たよりの発行，ポスター制作などを行い図書館運営に協力する。

　　ボランティア：ボランティアを活用した読み聞かせや朗読会を行い，連携を図る。

③学校教育の特徴
- 学校教育目標…未来をたくましく生き抜く，心豊かで創造力のある生徒の育成―ネバーギブアップ・チャレンジ―を目標とし，そのため必要な力としてよく学び，鍛える力，自分を律する力，協力してやり抜く力，自立して生きる力を提示している。
- 学校の重点教育…学習指導として人生を拓く「確かな学力」を育てる（教え

て伸ばす），生徒指導として豊かな心と社会性を育む（教えて育てる），体力向上としてたくましい体をつくる（体力・忍耐力）ことと小・中連携の強化や特別支援教育に焦点をおいている。

(2) **読書教育**

①読書教育関連カリキュラム

・各教科における図書館活用年間計画を設けている。

・総合的な学習の時間における調べる学習については，2010年度から年間を通じて体系的な指導を行うことになった。2004年度から2009年度まで，総合読書というかたちで保健体育の時間を活用して実施していた調べる学習を，2010年度から学級ごとに行われる総合的な学習の時間（校内での名称は「総合学習」）のなかに位置づけ本格的な実施が始まったのである。詳しくは以下のとおりである。

　授業者：学級担任を中心とする2学年担当教員および読書指導員

　活動場所：調べる時間には図書室およびコンピュータ室，プレゼンテーションは各教室

　時間数：10時間

　学習計画：表3.5参照

　評価：総合的な学習の時間の一部となるため，取り組みの状況などを，通知表の総合的な学習の時間の評価欄に記述する。

　その他：袖ケ浦市主催の「図書館を使った調べる学習コンクール」に作品を出品する。

表3.5　蔵波中学校の総合的な学習の時間の運営計画

時　数	時　期	学　習　内　容
1	4月下旬	調べ学習の進め方とテーマ決め
2	5月上旬	テーマ決め・チャートの作成
3	5月上旬	資料集め・構成や目次決め
4	5月中旬	資料集め・構成や目次決め
5	7月中旬	資料集め（レポートのまとめ方説明）
		夏休みを活用して，レポートを仕上げる
6	9月中旬	プレゼンテーション準備（発表の仕方の説明・順番決め）
7～9	9月下旬	各学級プレゼンテーション（1人約3分程度）
10	10月上旬	学年プレゼンテーション（各クラス選出者）

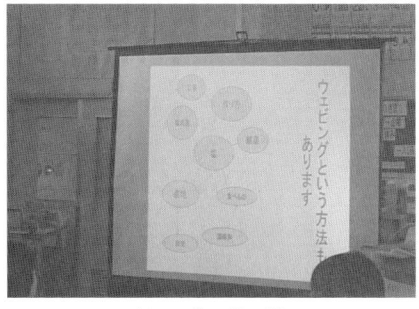

(NDCについて説明)　　　　　　　　　（ウェビングの例）

図3.6　蔵波中学校の調べる学習授業の様子①

・調べる学習を夏休みの課題にし，枚数の制限はなしにしている。校内の調べる学習コンクールの応募は強制されておらず，応募作のなかでよい作品を選び，市内コンクールに送る。読書指導員のアドバイスをもとに応募について打診し生徒に意欲があれば，出品に向けて手直しをする。

②調べる学習授業の一例

　蔵波中学校の調べる学習の授業については，本調査により2010年度から学校カリキュラムにより密着した図書館活用が行われることが明らかになったため，持続的にそのプロセスを調査することにした。6～11月まで3回学校を訪問し，授業参観を行った。

＜1回目：調べ学習の進め方とテーマ決め＞（図3.6）

・参観授業日時：2010年6月3日木曜日13：30～14：20
・教授者：司書教諭（小澤典子），読書指導員（菊池文子）
・授業学年：1年生
・教科：総合的な学習の時間（校内名称「総合学習」）
・授業の流れ…本授業の学習内容に入るまえに，生徒が小学校で調べる学習の経験があるのかを聞き3分の2ぐらいの生徒が手を挙げた。本年度本時間を使って何ができるか，テーマ設定・資料調査・情報整理・作品作成・発表の全体像を説明したうえ，テーマ設定の注意点，インターネットと図書館の資料利用，過年度の作品紹介，分類法・参考文献の付け方，著作権についての概略的な案内を行った。本授業はテーマの決め方に焦点を当てて，テーマを

書き出すこと，ウェビングを使ってみること（図3.6右），図書館を使うことなどが指導された。とくに読書指導員が授業のかなりの部分を担当し実質的なチームティーチングを行ったことが印象的であった。

＜2回目：学級プレゼンテーション＞（図3.7左）
・参観授業日時：2010年9月30日木曜日13：30～14：20
・授業者：学級担任，同学年他学級担任2人
・授業学級：2年5組
・教科：総合的な学習の時間（校内名称「総合学習」）
・授業の流れ…1人当たり3分の発表，2分の質疑応答や評価を行い，1コマ最大10人が発表する。全員が発表するため3回発表会を行う。発表会の司会・タイムキーパーも生徒により進行する。教師らは一番後ろに座り聴衆の生徒から発表者へ質問がないとき質問したり，発表の仕方や内容についてコメントをつける。発表が終わると，教師や生徒全員が評価項目に合わせて相互評価を行った。評価項目は「声量」「テンポ」「視線」「資料提示」「発表内容」という5点項目と一言コメントの記述項目になっており，主に発表の仕方について評価が行われた。ここで高い得点した生徒は学年発表会で発表を行うことになる。作品の完成度と発表の質は必ずしも同じではないため市内コンクールに上がる作品と学年発表会に上がる人が一致するとは限らない。

＜3回目：学年プレゼンテーション＞（図3.7右）
・参観授業日時：2010年11月4日木曜日13：30～16：00

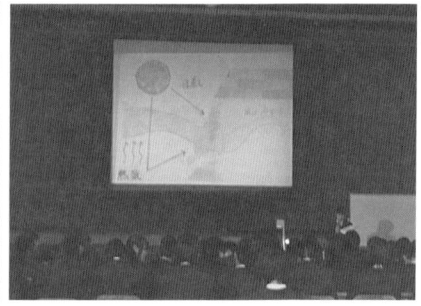

（学級プレゼンテーション）　　　　（学年プレゼンテーション）

図3.7　蔵波中学校の調べる学習授業の様子②

・授業者：学年担任全員，読書指導員など
・授業学級：2年生全員
・教科：総合的な学習の時間（校内名称「総合学習」）
・授業の流れ…学級代表者の発表を学年全員で見学することにより，よりよい発表の仕方を知り，次年度以降の参考にすることを目標とする。2年生全員が体育館に集まって2コマを使って10人の代表者が発表を行った。1人5分ぐらいの時間で，必要に応じてポスターやOHP機器で作品の一部や手書きのスライドを見せながら発表を行った。聞き手の生徒は学級プレゼンテーションの時使った同様の評価紙に評価を行った。発表会が終わったあと，教師は発表者へ本日発表についてのコメントを与え指導を行った。

3.5 袖ケ浦市の調べる学習の成功要因およびその教育的効果

袖ケ浦市が図書館を使った調べる学習に卓越した成果を見せるようになった要因を分析し，こういった調べる学習から児童生徒が得た能力，児童生徒に現れた変化，地域コンクールの意義について考察したい。

3.5.1 成功要因

(1) 市単位の取り組み

袖ケ浦市の特徴の1つは，市全域を単位として，市内に置かれている全校がほぼ同じペースで事業が進捗してきたことが挙げられる。小学校が8校，中学校が5校という調整・交流が容易な市の規模がこれを可能にしたと思われる。

また，個別学校を超えた市全体をみる視点が存在したことは大きい。これは教育委員会に担当者をおき事業化し，予算をつけたことに現われている。さらに，教育委員会の総合教育センターに設置した学校図書館支援センターが拠点として機能し，そこから各学校の司書教諭および読書指導員向けに読書指導，学び方の指導や学校図書館の運営について細かい支援が行われている。

市内の小中学校はどの学校に行っても学校図書館には専用のコンピュータ・コピー機・電話ファックス・冷房機などの設備が完備されたことはいうまでもなく，何よりも読書指導員がいることが学校図書館の自然な構図となっている。こういった取り組みは個別学校としてはなかなか推進しがたいことである。

個別学校のレベルアップとともに各学校をネットワーク化することによっても大きなメリットが得られている。図書流通システムを利用し資料の共有が行われながら，その資料が学校のどの場面にいかに活用されるかについての学校図書館担当者間の情報交換が自然に行われた。こういった情報交換が刺激になり，新しいカリキュラムの開発，授業改善につながった。

(2) 文部科学省の事業指定

袖ケ浦市の読書教育推進の背景には，市の支援とともに文部科学省の支援が持続的にあったことは欠かせない。文部科学省による事業指定を通じた働きかけは，地域単位でカバーできない事業の実施を可能にした。そのなかでも最も大きい部分は予算の確保であると思われる。市外部からの予算が加えられたことで，市内の学校図書館の設備を一気に向上させ，新しい教育実践に挑戦することが可能になった。

文部科学省の事業は，一般教師から読書教育を認識してもらいやすくする効果もある。国からの事業指定による推進ということで，読書教育に関心の低い一般の教師も注目するようになり，とにかくやってみながら読書教育の効用性を体験させることができたと考えられる。また個別学校ではなく市が続けて1つの事業を受けてきたことは，同じ目標を関係機関（教育委員会・各学校・図書館など）に示し継続的な協力を可能にしたと思われる。

(3) 行政的な誘導と学校構成員ニーズの調和

袖ケ浦市が読書教育に取り組む出発点はトップダウン式のものであったが，その後の流れをみると単純にトップダウンでやってきたとはいい切れない部分が多々見られる。現場の潜在的なニーズを知るために努力し，各種研修会や研究大会を開き関係者たちが子どもたちの実態を把握しつつ工夫してきたからである。例えば，1995年読書指導員の配置を始めたことも学校現場へのアンケートを反映した結果である。

また，保護者の呼応と支援も加えられ，行政的誘導と学校構成員のニーズがうまくかみ合ったのではないかと思われる。夏休み中，研究チームがよく見かけたのは親子のみならず，祖父母・兄弟連れの家族全員で調べものに夢中になっている光景である。調べる学習が家庭を巻き込んで行う学習の機会になってい

ることが確認できた。

　このように校内の資源・人のみならず，地域のいろいろなリソースを組み合わせる必要がある学習を推進するにあたって学校構成員のなかでキーパーソンになるのは教師であると考えられる。読書教育推進の出発点から，市内教職員の資質・力量の向上と授業改善を読書教育のねらいとし，教師に焦点を合わせたことは調べる学習・読書教育を促進させる大きな理由になったと考えられる。そのため奈良輪小学校が司書教諭に対して授業時数軽減措置をとっていることは，今後このような実践に取り組もうとする学校に参考になる方策であると思われる。

(4) 地域コンクールの実施

　袖ケ浦市の読書教育が成功した要因の最後に挙げたいのは，地域コンクールの実施である。普段，学習は計画，実施，評価というプロセスを経て次の学習に進む。今まで図書館で行われた調べものが目にみえるかたちでまとめられ，評価される機会は非常に少なかったと思われる。調べる学習は広がっているが，その適切な評価方法についての議論はなかなか見られない。評価方法を議論する以前に評価自体も行われず，やってみて終わりの体験にとどまる場合が多い現実を考えると，校内コンクールや市内コンクールを開くことは調べる学習を促進する大きな刺激になっていると思われる。

　また，学校訪問調査を通じて，総合的な学習の時間の評価のなかで図書館を使った調べる学習が扱われていることが明らかになった。通知表の総合的な学習の時間の欄に記述式で評価されたり，コンクール受賞については指導要録に記録されたりしているという。教科領域についての評価が主流になる教育評価のなかで，図書館利用の結果が入っていることは今後注目すべきことであると考えられる。

　以上，文部科学省の総合的な学習の時間の創設にともなう，市教育委員会・学校の対応としての図書館を使った調べる学習への取り組み，文部科学省からの事業指定から市独自の学校図書館関連整備や地域カリキュラムの開発と個別学校の実践が結びついたこと，地域コンクールがこの結びつきや流れを促したことを表すと図3.8になる。

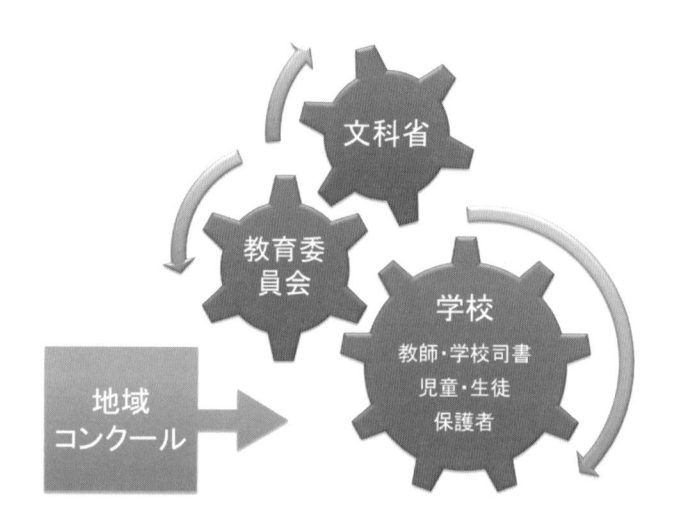

図3.8　袖ケ浦市の調べる学習をめぐるアクターと地域コンクールの関係

3.5.2　教育的効果
(1)　図書館を使った調べる学習から身につけた力

　調べる学習に取り組んでいる学校の教職員がその成果として異口同音に述べたことは，読書の量および質，それから図書館利用能力・情報リテラシーの向上である。図書館を使った調べる学習であるから，当たり前のことかもしれないが，袖ケ浦市の子どもたちが図書館に馴染んでいる程度は同じ県の他の市に比べてもはるかにすぐれているようである。奈良輪小学校の校長は，読書教育を通じて得られた成果として読書の日常化・習慣づけを高く評価していた[13]。本を読む習慣から調べる習慣が身につけられたのか，必要な情報を調べる習慣が本を読む楽しみに拡張したのか，どちらが先なのかは結論を出せない議論であるが，確かなことは奈良輪小学校の子どもは自分の学びに必要な本を借りることが日常化されており，かつ読み物の貸出の回数や冊数も多いことである。ただし，こういった成果はいっきに達成できたのではなく，回を重ねる指導・支援があったからこそ得られたことである。

　また，児童生徒の知的好奇心や学習意欲の向上が挙げられる。自分が知りたいことを自分で解決できる子どもたちは次の疑問にも何の戸惑いもなく好奇心・

意欲を表現する。袖ケ浦市の授業では，こういった学習したいエネルギーが非常に高いという発言が多かったが，児童生徒の集中度や意欲の高さは研究チームが実際学校訪問したとき肌で感じたことでもある。

　もう1つは，質問力や追及力の育成である。調べる学習を始めるにあたって一番難しく，全体の成功を左右するといわれるステップは，最初のテーマ設定，つまり自分の疑問を定義することである。児童生徒が調べる学習に取り組むためには，日常生活のなかで「これは何か」「どういうことなのか」「なぜこうなったのか」などの疑問をもち，問いを立てる質問力が求められる。またコンクールの作品を見ながら感心することは，小さな疑問に対して追究に追究を重ね，その問いが解決できるまで努力する子どもの姿勢であった。

(2) 従来型学習と調べる学習

　習得型学習と呼ばれる一般的な教科学習のなかでは，教師が計画した内容以上のものへ児童生徒が進むことはできない。かつて学習指導要領が歯止め規定として働いた時期には，学年レベル以上の内容を学ぶことが許されなかったこともある。それに比べると，児童生徒の興味・関心に沿っていくらでも学びを拡張させる調べる学習は画期的なことに違いない。テーマによっては，子ども自身の知識・経験の量ではこなせない内容にどんどん進んでいくことがよくあるからである。従来の学習が決まった内容に限った習得中心の学習であったとすれば，図書館を使った調べる学習が導いているのは子ども自ら学びを広げていく主体的な学習である。

　調べる学習から身につけた力は従来の学力とどのような関係であるのか，調べる学習のできる子は学力も高い相関関係をもっているのかについてインタビューを実施してきた。しかし，一貫性のある答えは得られず教師によって意見の差が見られた。奈良輪小学校の司書教諭は，学力の高い子はそれなりの完成度の作品を出す傾向にあるが，予想外の子どもがすぐれたものを書いてくることも珍しくないという。蔵波中学校の校長は調べる学習・探究学習で得られた新学力と受験の関係について学校側は整合性を見いだしていないとし，調べる学習が将来何かに活かせればいいという期待を述べた[14]。同校の司書教諭や読書指導員も，入試と調べる学習について，はっきりした関係が見られないという答

えであった[15]。一方，蔵波中学校の前教務主任の場合は，教科学習のできる子が調べる学習にも無理なくよい結果物を完成するという意見を表した。数回のインタビューのなかでいろいろな見解があるなか，共通に指摘されたのは教科学習能力と調べる学習能力間の差もあるが，調べる学習のできる能力にも子どもによる差が大きいことである[16]。今後，学力との相関関係についてはより緻密な検討が必要なところであり，調べる学習のできる能力自体についても多角的なアプローチが求められると考えられる。

3.6 事例が示唆するもの

　全国コンクールで圧倒的に多数の受賞者を輩出している袖ケ浦市の実践を調査した結果，それは偶然の出来事ではなく，地域のいろいろな立場の人たちが子どもの調べる学習を支えていることが明らかになった。また，市教育委員会は，コンクールのための調べる学習，夏休みの調べる学習にとどまらずに，学校の教科学習やいろいろな活動のなかで実践していくように促している。この動きは，今回調査のなかで蔵波中学校が1年生のカリキュラム計画で取り組みはじめたことのなかに確認できた。蔵波中学校は，総合的な学習の時間を利用して前期に調べる学習スキルの指導を行い，夏休みをはさんで作品を作成させて，後期には発表させるというかたちで年間の調べる学習のカリキュラムを運営している。

　最後に袖ケ浦市の実践に期待するところは，学習評価方法の一般化である。現在，調べる学習作品は通知表の総合的な学習の時間の領域に記述的評価を行うことになっており，コンクールの受賞は指導要録に記録されている。作品発表会を行う蔵波中学校の場合は，生徒同士の相互評価，多数の教師による評価など教育評価学的な観点からも新しい試みに取り組んでいる。図書館を使った調べる学習に取り組むことを通して，教育目標，教育内容，教育方法のみならず教育評価に至るまで，学びの新しい像をつくっていることがわかる。袖ケ浦市のこのような実践・成果は，図書館を使った学びが通常のカリキュラムとどのように結びつくのかを示す具体的なモデルとなっていることを評価したい。

第 4 章
受賞したのはどのような作品か

　第 4 章では，第 8 回（2004年）から第12回（2008年）のコンクール受賞作品を，テーマ，構成，使った参考資料の 3 つの観点から分析した。分析対象とした作品は小学生の部67作品，中学生の部20作品，高校生の部18作品である。

　小学生の部では，日常生活での観察や家族との会話のなかで生じた疑問を主なきっかけとして，動植物や自然現象をテーマとした作品が多く見られた。作品の構成は，①仮説を立ててそれを検証していく作品，②多くの疑問に対して 1 つ 1 つ調べて答えていく作品が多く，文献調査だけでなく実験・体験活動やインタビュー調査を含めて総合的にアプローチしていた。また，利用されている資料は，ほとんどが図書と電子資料（Webサイト）であり，図書の約半数はNDC4類（自然科学）であった。これらから，小学生の部では作品の制作を通じて，①身の回りの現象に対して「疑問」をもち，それを問いとして発信する能力，②文献だけでなく，実験・体験やインタビュー調査を含めたさまざまな方法を組み合わせて問いにアプローチする能力，③調べるための基本的手段として，図書とインターネットを活用する能力が得られると期待される。

　中学生の部では，作品のテーマは自然科学だけでなく歴史など人文科学にも広がりを見せる。テーマ選択のきっかけも，新聞や書籍などのメディアや，過去の経験が多くなる。作品の構成面では，多くの疑問に答えたり特定の対象について調べてまとめる作品のほか，最初に課題を設定して，最後にその課題に対する解決策を提示する作品が増えてくる。また，参考資料として，図書と電子資料以外にも，逐次刊行物や官公庁・自治体の報告書なども利用するようになる。これらから，中学生の部では新たに，①メディアや過去の経験から，解決すべき課題を見つけて定式化する能力，②文献調査やインタビュー調査，体験活動で調べたことを根拠として，課題に対する解決策を提示する能力，③必要に応じて，図書と電子資料以外の多様な資料を活用する能力の 3 つを得ることが期待される。

　高校生の部では，人文・社会科学系のテーマの作品が中心となる。また，それら

は日常の観察や会話よりも，学校の授業，メディア，過去の経験をもとにした作品が多い。作品の構成面では，課題を設定してそれに対する解決策を提示する作品がさらに多くなり，逆に特定の対象について総合的に調べてまとめる作品は少なくなる。さらに，中学生の部までと比較して，多様な方法で調べる作品が減り，文献調査のみ，または文献調査とインタビュー調査を組み合わせた作品が多くなる。インタビューの実施先は，講演会や学術機関が多い。参考資料では，中学生の部までと比べて，より信頼性の高い資料が多く引用されるようになる。これらから，高校生の部では，①テーマを十分に絞り込む能力，②絞り込んだテーマに応じて，より妥当な研究手法を選択する能力，③信頼性に応じてメディアを取捨選択する能力の3つを得ることが期待される。

　以上のように，受賞作品の分析から，このコンクールへの参加を通じて，少なくともテーマ設定力，論の構成力，資料活用能力の3つの能力が，学校段階に応じたレベルで身につけられていることが示唆された。

4.1　コンクールの部門と分析対象

　本章では，「図書館を使った調べる学習コンクール」（旧称：図書館を使った"調べる学習"賞コンクール。以下「コンクール」とする）の過去5回分（2004～2008年度）の受賞作品を分析することで，コンクールへの参加を通して得ることが期待される能力について検討する。

　コンクールの目的として，「図書館利用の促進と調べる学習の普及」が掲げられている。新学習指導要領では，各教科の解説で「調べ」という言葉が多用されていたり[1]，学校図書館の重要性が示唆されているとの指摘がなされるなど[2]，学校教育における調べる学習とそこに図書館が果たす役割は今後も高まると思われる。近年では，学校図書館と調べる学習との関係についての研究[3]や，調べる学習を促すために図書館を利用した学習支援方法の提案[4]など，学校教育において図書館を利用した調べる学習の研究や実践活動は着実に広がりを見せている。今後，調べる学習を推進するために図書館が果たす役割をより一層明確化し，すぐれた教育実践に結びつけるためには，図書館を使った調べ

表4.1 分析対象とした作品数

	第8回	第9回	第10回	第11回	第12回	合計
小学生（低）	6	6	7	6	7	32
小学生（高）	6	7	7	9	6	35
中学生	3	4	3	5	5	20
高校生	3	4	4	4	3	18

る学習の具体的な学習成果を検証して，その実態と意義を明らかにすることが必要であると考える。コンクールは，図書館の利用を明示した調べ学習の全国的な取り組みとして国内で唯一のものであり，学習成果が作品の形で残されている。さらにこれらの作品は，全国から応募が寄せられており，応募作品の位置づけも，夏休みの課題として作成されたものから卒業研究までさまざまなものが含まれていることから，図書館を使った調べ学習の一般的成果を分析するための格好の素材の1つである。

　本章の具体的な分析対象を紹介する。コンクールには現在，応募部門として「調べる学習部門」と「図書館活動部門」があり，前者には各学校段階の児童生徒を対象とした「小学生の部」「中学生の部」「高校生の部」と，児童生徒と保護者が共同で作成する「子どもと大人の部」，一般市民を対象とした「大人の部」が含まれ，後者には「学校図書館の部」と「公共図書館の部」が含まれている。本章ではこれらのうち，「小学生の部」「中学生の部」「高校生の部」の作品で，第8～12回までのコンクール受賞作品計105を分析した。それらの一覧は巻末の資料2として掲げてある。

　また「小学生の部」の作品については，低学年（1～3年生）と高学年（4～6年生）の2つに分けて分析した。これは，小学生の低学年と高学年では，作品のテーマや構成に明らかな違いが認められたためである。表4.1に，分析対象とした作品数をコンクールの回数別・学校段階別に示す。

4.2 分析の視点と方法

　本章では，「テーマ」「構成」「参考資料」の3つの観点から作品を分析することにした。それぞれの分析方法は以下のとおりである。

(1) テーマ

　テーマは，作品の内容を決定する大きな要素の1つである。コンクールの小学生・中学生・高校生の部の審査基準には「発達段階に即した」テーマであるかということが明記されており，実際にコンクールの最終審査会においても，テーマが身の丈にあったものか，が議論されていた[5]。さらに，コンクールに多くの受賞作品を出している学校や地域では，テーマを決定する際に気をつける点が細かく指導されている[6]。これらのことを踏まえると，作品のテーマと選択動機は，最も基本的ながら非常に重要な作品の要素と考えられる。

　分析方法として，最初に作品のタイトルと目次を読んだうえで，各作品を日本十進分類法（NDC）の第一次区分（0類～9類）のいずれかに分類した[7]。次に，テーマの選択動機については，作品のなかの「動機」「調べようと思った理由」またはそれらに相当する箇所を読み，作品ごとに「学校の授業」「日常の観察」「メディア」「会話」「過去の経験」「不明（記述なし）」の6つに分類した[8]。これらの分類をもとに，作品のテーマと選択動機について学校段階ごとの傾向を，具体例とともに記述した。

(2) 構　成

　調べた内容を効果的に伝えるためには，適切な構成が重要となる。コンクールの審査基準には，「調べる目的，方法，過程などがきちんと明示されているか」「情報の整理や表現方法が工夫されているか」など，作品の構成に関わるものが含まれている。

　作品の構成を分析するため，はじめに作品の形式的な構成について「仮説検証型」「課題解決型」「疑問解決型」「関心追求型」の4つの型を設定し，各作品をいずれかに分類した。なお，厳密には1つの作品のなかに，上記の複数の型の要素を含んでいる場合も見られたが，ここでは「仮説検証型」「課題解決型」「疑問追求型」については，それぞれの型の基準を設定したうえで，各作品を最もふさわしいと思われる型に分類し，上記3つのいずれの基準にもあてはまらないものは「関心追求型」に分類した。また，作品の内容面については「文献調査」「実験・体験」「インタビュー・アンケート調査」の3つを設定し，各作品で用いられている調査方法を調べた。最後に，「実験・体験」と「イン

タビュー・アンケート調査」については、作品巻末に謝辞欄を掲載している34作品を対象として、体験活動やインタビュー調査で訪問した機関をいくつかのカテゴリーに分類した後、学校段階別の傾向を記述した。

(3) **参考資料**

コンクールの審査基準には「的確な資料・情報収集が出来ているか」「複数の資料・情報を活用しているか」「使用した資料・情報の出典が明示されているか」など、資料利用に関するものが多く含まれている。コンクールの最終審査でも、とくに中学生の部や高校生の部で、資料の引用の不備（引用箇所が不明なものや長すぎる引用）や、信頼性に疑問がある資料からの引用について議論されていた。コンクールの名称にも一貫して「図書館を使った」と記されていることから、参考資料は作品を評価するうえで重要な要素と考えられる。

ほとんどの作品には、巻末に参考資料の一覧が掲載されていた。そこで、参考資料の分析にあたっては、それらを利用して参考資料の書誌事項（著者、書名、出版年、アクセス年、URLなど）をリスト化した後[9]、全資料を「図書」「電子資料」「映像資料」「逐次刊行物」「その他（調査報告書、パンフレット等）」に分類した。とくに利用数の多かった図書と電子資料については、その内訳を詳細に分析した。具体的には、図書についてはNDL-OPACを利用して日本十進分類法に基づく分類番号を付与し、電子資料については、URLのドメインを基準にいくつかのカテゴリーを設定して分類した後、学校段階別に利用数の多い資料を記述した。

4.3 作品のテーマ

4.3.1 テーマの主題

表4.2に、テーマをNDC別に分類したときの各類の作品数を示す。各分類に該当するテーマの具体例は以下のとおりである。

表4.2から、作品のテーマをNDC別に分類してみると、学校段階ごとに分布が異なることがわかる。小学校低学年の作品では、テーマの約7割が4類（自然科学）に集中しているが、小学校高学年の作品では、テーマは4類（自然科学）のほかに5類（工業）、6類（産業）、3類（社会科学）にも広がっている。

表4.2 NDC分類別の作品数と作品例

(上段：作品数，下段：[％])

	0類	1類	2類	3類	4類	5類	6類	7類	8類	9類	合計
小学生（低）	1	0	0	3	23	1	3	1	0	0	32
	[3]	[0]	[0]	[9]	[72]	[3]	[9]	[3]	[0]	[0]	[100]
小学生（高）	1	0	3	4	14	5	5	1	2	0	35
	[3]	[0]	[9]	[11]	[40]	[14]	[14]	[3]	[6]	[0]	[100]
中学生	0	0	6	2	4	4	2	0	1	1	20
	[0]	[0]	[30]	[10]	[20]	[20]	[10]	[0]	[5]	[5]	[100]
高校生	1	0	4	8	2	0	0	3	0	0	18
	[6]	[0]	[22]	[44]	[11]	[0]	[0]	[17]	[0]	[0]	[100]

0類（総記）：「メディアと政治」「新聞」
2類（歴史）：「武田信玄と上杉謙信」「北里柴三郎」「縄文時代の交易」
3類（社会科学）：「児童労働」「原爆被害」「難民問題」
4類（自然科学）：「月の動き」「アリの生態」「和算」
5類（工業）：「光化学スモッグ」「水質汚染」
6類（産業）：「コメ」「電車」
7類（芸術）：「阿波踊り」「歌舞伎」
8類（言語）：「漢字の筆順」
9類（文学）：「安房直子（作家）」

中学生の部では，2類（歴史）のテーマの作品が最も多く，高校生の部になると，4類（自然科学）の作品はむしろ少数派になり，3類（社会科学）にあたるテーマの作品が最も多く，2類（歴史），7類（芸術）の作品が続く。このように，学校段階が上がるにつれて，全般的にテーマは自然科学系から人文・社会科学系に移行していることがわかった。この現象を説明するためには，今後，関係者へのインタビュー調査なども行う必要があるが，以下のような理由が考えられる。

・自然科学系のテーマは，小学校段階では「植物の発育」「天体の動き」など，観察中心に調査することが可能だが，中学・高校段階になると，調べたい内容が専門的になるため，独力で調べるには実験器具などの点で困難が生じる。
・人文・社会科学系のテーマは，年齢が上がるにつれニュースや新聞など身近なリソースから関連情報を得る機会が多くなる。また，小学生と比べて中学・高校生は対社会的な行動力もついてくるため，社会問題などについて調べる

際に，さまざまな団体や講演会など外部機関へのインタビュー調査も独力で行いやすくなる。

4.3.2 テーマの選択動機

表4.3に，テーマの選択動機別の作品数を示す。各列の項目は「学校の授業」「日常の観察」「メディア」「会話」「過去の経験」「不明（記述なし）」を表す。

表4.3から，テーマと同様に選択動機も学校段階ごとに傾向が異なることがわかる。例えば，「日常の観察」は小学生の部では動機全体の40％以上を占めているが，中学生・高校生の部ではむしろ少数派となっている。逆に「メディア」と「過去の経験」は，小学生の部よりは中学生・高校生の部で多く，中学生の部では共に動機全体の約30％を占めている。一方，「学校の授業」は高校生の部で，「会話」は小学校の部（高学年）で多い。以下に，主に本コンクールの第12回受賞作品を例にして，それぞれのカテゴリーにあたる作品を紹介する。

(1) 学校の授業

学校の授業をきっかけにした作品には，大きく以下の2つのタイプがある。
・授業中に感じた疑問を調べていく作品
・授業内容を，現在の興味や過去の体験と結びつけて調べていく作品

前者は小学生の部の作品に多い。例えば，「お願い！芽が出て—ツルレイシ—」では，小学校の理科の授業で「自分のツルレイシの種が発芽しなかったのはど

表4.3 テーマ選択動機別の作品数

（上段：作品数，下段：[%]）

	授業	観察	メディア	会話	経験	不明	合計
小学生 (低)	4 [11]	16 [43]	3 [8]	3 [8]	8 [22]	3 [8]	37 [100]
小学生 (高)	7 [16]	12 [27]	9 [20]	12 [27]	5 [11]	0 [0]	45 [100]
中学生	3 [13]	3 [13]	8 [35]	2 [9]	7 [30]	0 [0]	23 [100]
高校生	6 [26]	2 [9]	6 [26]	3 [13]	6 [26]	0 [0]	23 [100]

うしてか？」「ツルレイシの発芽率はなぜ70%なのか？（先生の発言内容への疑問）」という2つの疑問が調べるきっかけとなっている。また，高校生の部の「原爆被害を伝える活動―諸活動の実態と課題について―」では，授業で原爆について学習しているとき「原爆被害がどのようだったのか，実感としては感じられない」という感想が多くの生徒から出されたのを受け，「本当にそうなのだろうか？」という疑問を抱いたことが調べはじめたきっかけとして記述されている。

　後者は，中学生・高校生の部の作品に多く見られる。例えば，高校生の部の「児童労働　現状と児童労働撤廃に向けて」では，以前から世界の貧困，戦争，宗教について興味があった著者が，「現代社会の授業と英語の授業で取り上げられた発展途上国の現状に衝撃を受け，児童労働を撤廃する方法やそのための組織について知りたいと思った」と記述されている。

　⑵　日常の観察

　日常での観察をきっかけとした作品は，小学生の部に多い。「日常」の観察点は非常に幅広いが，例としては学校への行き帰りの風景がある。小学生の部の「アリがつんだら山となる！　ミミズドックのナゾを解け！」では，夏休みのラジオ体操に行く朝，道でミミズの死骸にアリが群がっているのを見て興味をもち，そこからアリが何のために砂でミミズを囲っているのかを調べていく。同じく小学生の部の「JR京葉線E331系」では，「教室から珍しい電車が通過しているのを見て調べてみたところ，ほかの電車と違う特徴があるらしいと知り，さらに詳しく調べてみた」と記述されている。日常生活で感じた疑問をきっかけにした作品には，身の回りの動植物の生態をテーマにしているものが多く含まれていた。

　⑶　メディア

　メディア（新聞，書籍，ニュース）から流れてきた情報に興味をもち，それを手がかりに作品のテーマにした作品は，中学生・高校生の部に多い。これらの作品は多くの場合，メディアから流れてきた情報に自分の経験を結びつけることで関心を膨らませていた。きっかけとなる情報を得たメディアとして，最も多いのは新聞であった。

例えば，中学生の部の「紅花の真相　卑弥呼も愛用!?」では，以前に遺跡について調べたことのある作者が，偶然新聞で遺跡から紅花が大量に出土したことを知り，「紅花はどんな使われ方をしていたのか」「他にはこれまでどんな用途があったのか」などの疑問をもち，紅花の真相について知りたくなった，と記述されている。また，同じく中学生の部の「「もやしもん」を100倍楽しむ」では，以前に読んだ漫画の脚注にあった菌のキャラクターが気になっていたこと，その後，偶然そのキャラクターについて書かれた新聞記事を読み，自分が今までもっていたイメージとは違う菌もあることを知り，菌について調べてみたくなったと記述されている。

(4)　会　話

会話をきっかけした作品は小学生の部，とくに高学年に多い。会話の相手は，①両親，②祖父母，③兄弟姉妹，④学校の友人に大別される。

中学生の部の「土用の丑とうなぎの不思議」では，祖母とうなぎを食べているときに「土用の丑とはそもそも何なのか？」「土用の丑の日にうなぎを食べる習慣を始めたとされる平賀源内とはどんな人か？」という疑問を共有したことが調べ始めるきっかけになっている。また，高校生の部の「日本軍の実像」では，祖父の軍隊生活の話を聞く機会が多かった作者が，祖父から聞く軍隊とテレビや映画から伝わる軍隊のイメージとが異なることに興味をもち，文献調査や祖父への詳しい聞き取りを始めている。家族や親類以外との会話をきっかけにした作品には，中学生の部の「なんで英語が話せないの？どうしたら話せるの？」がある。ここでは，学校の友人と「何で英語が話せるようにならないのか？」と議論したことをきっかけに，英語がうまく話せるための方法を調べはじめている。

(5)　過去の経験

最後に，「小さいころからずっと好きだった」「将来はこういう職業に就きたいと思っている」といった，作者の人生経験に関わるものをテーマとした作品が挙げられる。趣味をテーマとした作品もここに含めた。これらは，調べる対象に深い思い入れのある作品が多く，「1つの対象をじっくりと調べていく」という印象が強い。調べる対象の例としては以下のような題材が挙げられる。

・歴史上の人物や作家
・好きな動物，食材，趣味
・家族
・旅先での経験

例えば，中学生の部の「安房直子 メルヘンとファンタジーの狭間で」では，「自由研究のテーマを決める時，幼い頃から親しんだ，ずっと憧れだった安房さんについてぜひ調べたいと思いました」と記述されている。また，同じく中学生の部の「明るい明日を迎えるために Medical Care」では，「医療に興味をもっていること」と「将来看護師になり多くの患者さんの命を救ってあげたいと思っていること」から，看護師の仕事や医療の歴史，最新の医療技術などを調べてみようと思ったと記述されている。

4.4 作品の構成

4.4.1 論構成

本節では，作品の構成を分析する。前述したように，はじめに全作品を「仮説検証型」「課題解決型」「疑問解決型」「関心追求型」の4つに分類した。表4.4に，それぞれの型に該当する作品数を示す。

それぞれの分類基準と作品の具体例は以下のとおりである。

(1) **仮説検証型**

表4.4 論構成別の作品数

(上段：作品数，下段：[%])

	仮説検証	課題解決	疑問解決	関心追求	合 計
小学生（低）	13 [41]	4 [13]	9 [28]	6 [19]	32 [100]
小学生（高）	8 [23]	7 [20]	13 [37]	7 [20]	35 [100]
中学生	1 [5]	7 [35]	7 [35]	5 [25]	20 [100]
高校生	0 [0]	9 [50]	6 [33]	3 [17]	18 [100]

以下の2つが共に記述されている作品を「仮説検証型」とした。
・作品のなかで，「疑問」と，それに対する「仮説」に相当する内容（「予想」「ぼくの考え」など）が記述されている
・立てた仮説を何らかの方法で検証し，その正否が記述されている

　この型に該当する作品は，小学生の部（低学年）では多いが，中学生・高校生の部ではほとんど見られない。また，これらの作品には自然科学系のテーマが多い。例えば，小学生の部の作品「アリがつんだら山となる！ ミミズドックのなぞを解け！」では，「アリがミミズの死骸に砂を積むのはなぜか？」という疑問に答えるために「かんそう室説」「防ぎょ説」「倉庫説」「雨よけテント説」という5つの仮説を立て，それらを1つ1つ検証していくかたちで本論が進められている。同じく小学生の部の作品「お月様はぼくのことが好き？どうしてついてくるんだろう！」では，月の動きや形について「月は自分が好きだからついてくる（ように見える）」「月が見えない日は（実は）雲に隠れている」などいくつかの予想を立て，観察を通してそれらの予想を検証している。
　典型的な自然科学系のテーマ以外にも仮説検証型の作品は存在する。例えば，小学生の部の「ランドセルのひみつ ぼくのだいじなたからもの」では，「ランドセルはどうやって作るのか？」「どんな動物の（皮で作った）ランドセルがあるのか？」などの疑問に対する結果を予想したうえで，図書館の資料で調べたり，鞄会社に問い合わせるなどの方法でそれらを確かめている。また，人文系のテーマの作品として，安房直子という一人の作家について調べた「安房直子 メルヘンとファンタジーの狭間で」では，作品の冒頭で「安房さんとはどんな人だったのか？」「安房さんの作品に影響していることは何か？」という疑問に対して，「メルヘンやファンタジーの好きな方だった」「明るくていつもにこやかな方」「子ども時代の出来事が作品に関係している」という仮説を立てている。そして，これらの仮説を検証するため，実際に安房直子氏について書かれた資料を調べたり，文学同好会へのインタビュー調査などを行い，作品の最後で予想の正否を記述している。

(2) 課題解決型

　以下のいずれかの基準を満たす作品を「課題解決型」とした。

・何らかの行動により解決すべき「課題」に相当する内容や，その一環として生じた「疑問」を記述している
・作品のなかで，課題の解決に向けた「提言」「提案」「解決策」に相当する内容を記述している

この型に該当する作品は，小学生の部では少数だが，学校段階が上がるにつれて次第に多くなる。例えば，小学生の部の「お願い！芽が出て！―ツルレイシ―」では，「ツルレイシはどうすれば芽が出るのか？」という「課題」を立てて，いろいろな条件での種まき実験やインタビュー調査を通じて，最終的に「種の皮を切る」「酸素を通す土を選ぶ」「温度に気をつける」「水やりはやりすぎてもかわいてしまってもいけない」という4つの解決策を導いている。また，高校生の部の作品「高松塚解体調書 日本は文化財を守れるか」では，「高松塚古墳は解体されるべきだったのか」という疑問に答えるために，「古墳と保存科学の概要」「高松塚古墳の歴史」「諸外国の保存例との比較」「高松塚古墳の経緯」など判断の根拠となる情報をまとめたうえで，最終的に（解体に対しては）「消極的賛成」という答えを出し，さらに，今後の日本の文化財保護のために必要なこととして「保存科学の発展」「世界遺産登録」「道州制」「保存哲学の必要性」という4つの提案をしている。同様に高校生の部の「児童労働現状と児童労働撤廃に向けて」では，「児童労働撤廃のためには何が出来るのか」という課題に対して，「世界の児童労働（定義・職種・原因）」「児童労働撤廃の取り組み（法律・援助・課題）」について図書やウェブサイトで調べたあと，関係機関，NPO法人にインタビュー調査をしたり，ワークショップに参加し，それらを踏まえて児童労働撤廃のために必要な対策を記述している。

(3) 疑問解決型

上記2つの型に該当せず，作品のなかで「疑問」とその疑問に対する「答え」に相当する内容が記述されている作品を「疑問解決型」とした（言葉の意味などの疑問は除く）。これらは，どの学校段階でも約3〜4割程度見られる。後述(4)の関心追求型との違いは，疑問に答えるかたちで調べた結果をまとめている点である。例えば，小学生の部の「ガラスの魅力」では「ガラスは一体何でできているのかな」「どこで，どんな方法で作られているのかな」といった疑問

に対して，文献調査だけでなく，実際に吹きガラスの作成を体験したり，工房でインタビューを行い，それらの結果をまとめながら疑問に答えている。また，同じく小学生の部の「だ液のひみつ だ液の世界へようこそ」では，「たくさんのぎもん」という見出しで，「だ液とは？」「つばの語源は？」「どこで作られるの？」などの疑問を書き出し，文献調査を中心にそれらに1つ1つ答えるかたちで作品を構成している。また，中学生の部の作品「「地球のはじまり」「鎖国」時代に日本人は「地球」が球であることをどう受け入れたか」では，「「地球」という言葉がどのように人々に受け入れられ，広まっていったか」という疑問に対して，文献から前後の日本の状況や重要人物を調べ，その経緯を明らかにしている。

(4) 関心追求型

最後の「関心追求型」は，上記の3つの基準に該当せず，関心のある対象について調べてまとめた作品である。この型に該当する作品も，どの学校段階でも20％程度存在する。例えば，小学生の部の「世界最古の蓮 大賀蓮について」では，「植物学的なはすの説明」「はすの歴史」「万葉集に載っているはす」など，文献調査から蓮の特徴を調べたり，蓮の咲いている場所で数日間かけて花の形などを観察したりした結果をまとめている。中学生の部の「もやしもんを100倍楽しむ」では，「菌」について，「発酵のしくみ」「発酵食品」「日本食と発酵食品」「健康と菌」などを文献で調べたあと，「納豆の調理，調査」として実際に菌を使った食品を調理したことや，「麹菌の作り方の調査・見学」「菌に関連したイベントへの参加」などの体験活動の結果をまとめている。

4.4.2 研究手法

表4.5に，用いられている研究手法別の作品数を示す。なお，「文」は「文献調査」を，「実」は「実験・体験」を，「イ」は「インタビュー・アンケート調査」をそれぞれ表す。

表4.5から，学校段階ごとに用いられる主要な研究手法が異なることがわかる。小学生・中学生の部では，文献調査と実験・体験を含む作品が多いのに対して，高校生の部では，「文献調査のみ」と「文献調査とインタビュー調査を組み合わせた作品」が多い。それぞれに該当する作品の特徴は以下のとおりで

表4.5 研究手法別の作品数

(上段:作品数,下段:[％])

	文	文+実	文+イ	文+実+イ	合　計
小学生 (低)	0 [0]	8 [25]	1 [3]	23 [72]	32 [100]
小学生 (高)	0 [0]	10 [29]	5 [14]	20 [57]	35 [100]
中学生	2 [10]	5 [25]	3 [15]	10 [50]	20 [100]
高校生	5 [28]	2 [11]	9 [50]	2 [11]	18 [100]

ある。

(1) **文献調査のみの作品**

　文献調査のみの作品は，小学校の部ではほとんど見られないが，高校生の部では全体の約3割を占めている。これらの作品には，歴史系のテーマを扱ったものが多く，これは，歴史系のテーマでは多くの場合，体験活動やインタビュー調査を行うことが困難なためと考えられる。また，これらの作品には，作品の一部または全体を新聞形式や対話形式にするなど，作品の表現方法を工夫したものが含まれていた。

(2) **文献調査と実験・体験を組み合わせた作品**

　文献調査に実験・体験を組み合わせた作品は，小学生・中学生の部に多い。これらの作品の場合，①テーマについての基本的な情報を文献で調べる，②実験方法を文献で調べる，③実験・体験活動をする，④得られた結果についてあらためて文献調査を行い考察するという4つの要素が多くの作品で共通に含まれていた。

(3) **文献調査とインタビュー・アンケート調査を組み合わせた作品**

　文献調査とインタビュー調査を組み合わせた作品は，高校生の部に多い。これらの作品の多くでは，①テーマについての基本的な情報を文献で調査する，②文献調査だけではわからなかったことをインタビュー調査で明らかにするという2つの要素が共通に含まれていた。なお，インタビュー先については次項

で述べるが，それらは公的機関から企業，民間団体・NPO団体まで多岐にわたっている。

(4) 文献調査，実験・体験，インタビュー・アンケート調査を行っている作品

これら3つの研究手法すべてが含まれている作品は，とくに小学生の部で多いが，中学生の部でもおよそ半数程度で見られる。これらの作品では，1つの対象についてさまざまなアプローチがされており，調べる過程そのものを楽しんでいる作品が多い。これらは前述の「関心追求型」の作品の多くで見られる。

4.4.3　訪問機関

表4.6に，体験活動やインタビュー先となる訪問機関の内訳を示す。ただしここでは，作品末尾に訪問機関一覧を掲載してある34作品を分析対象としている（小学校低学年：11作品，小学校高学年10作品，中学校7作品，高校6作品）。また，「図書館」「学校」は訪問機関から除外した。

表4.6から，小学生・中学生の部では「企業」がやや多く，高校生の部では「講演会・学術機関」が多いことがわかる。それぞれに該当する具体的な機関は以下のとおりである。

(1) 公的機関

公的機関は，①自治体内の特定の部署，②自治体の管轄する機関，③中央省庁に大別される。①では「環境課」や「資源循環局」が，②では「清掃事務所」

表4.6　訪問機関の内訳

(上段：作品数，下段：[%])

	公的機関	講演会・学術機関	博物館	企業	合計
小学生（低）	3 [21]	3 [21]	3 [21]	5 [36]	14 [100]
小学生（高）	9 [23]	3 [8]	12 [31]	15 [38]	39 [100]
中学生	5 [24]	5 [24]	4 [19]	7 [33]	21 [100]
高校生	5 [15]	20 [61]	2 [6]	6 [18]	33 [100]

「水産試験場」などが比較的多かったが，これらは環境問題関連をテーマにした作品の訪問機関である。また，①と②は，小学生の部の作品に多く見られたが，高校生の部の作品では，③にあたる機関も見られた。具体的には「法務省」「難民高等弁務官事務所」などであり，社会問題をテーマとした作品の訪問機関である。

(2) 講演会・学術機関

講演会については，大きく ①文学・文化的行事に関連する講演会，②人権問題等の社会問題についての講演会に分けられる。高校生の部の作品では，これらの講演会・集会に実際に出席してそこでインタビューを行っている。また，学術機関（大学や研究所）については，学会など学術的な集会ではなく，ほとんどは学術機関で特別に開かれた一般向けの公開イベントへの参加を目的としていた。

(3) 博物館

博物館に分類した機関は，①博物館（市町村立・県立・国立），②科学館，③動物園・水族館・工芸館，④資料館の4つに大別される。これらの機関への訪問目的をみたところ，①や④へは資料収集やインタビュー調査のための訪問が多く，②や③では，それらに加えて実験・体験活動のための訪問が多いようである。

(4) 企業（個人経営を含む）

小学生や中学生の部の作品を中心に，企業や商店が訪問先として挙げられていた。これらには，①食品産業（農家，酒造会社・お菓子屋），②情報産業（新聞社・出版社），③専門機関（病院・法律事務所）が含まれる。①は小学生の部に多いのに対して，高校生は，②や③も含めた幅広い業種の企業を訪問していた。

4.5 利用された参考資料

4.5.1 全体の傾向

表4.7に，メディア別にみたときの参考資料数を示す。

表4.7から，どの学校段階でも図書資料が最も多く（約55〜65%），続いて電子資料が多い（約20〜25%）ことがわかる。しかしまた，学校段階が異なると，

表4.7　メディア別の参考資料数

(上段：作品数，下段：[%])

	図書	電子資料	映像資料	逐次刊行物	その他	合計
小学生（低）	293 [67]	109 [25]	2 [0]	10 [2]	23 [5]	437 [100]
小学生（高）	459 [56]	207 [25]	0 [0]	31 [4]	119 [15]	816 [100]
中学生	362 [62]	108 [19]	5 [1]	42 [7]	65 [11]	582 [100]
高校生	284 [60]	91 [19]	7 [1]	52 [11]	36 [8]	470 [100]

相対的に利用数の多い資料も異なる．例えば，学校段階が上がるにつれ，「逐次刊行物」と「その他」の比率は増加するが，「図書」と「電子資料」の比率は低下する．このことは，学校段階が上がるにつれてより多様なメディアを利用する傾向にあることを示している．利用数の多い図書と電子資料の詳しい内訳については，次項以降で述べることとし，ここでは，これら以外のメディアについて述べる．

(1) 映像資料

今回の分析対象では，参考資料として挙げられた映像資料は少なかった．それらには，①テレビ番組，②ビデオ（映画）が含まれる．いずれも内容面では，戦争についての作品と，農作物やその調理方法についての作品が含まれていた．

(2) 逐次刊行物

逐次刊行物は，①新聞記事（主に朝日新聞，読売新聞，日本経済新聞），②一般の週刊誌・月刊誌，③学術雑誌の3種類に大別される．①はこれらのうちで最も数量が多いが，新聞を引用している場合，新聞の記事単位（日にちごと）で引用を明記してある作品と，新聞名しか記されていない作品が混在していたため，実際には新聞記事の比率はさらに高いと思われる．②については，中学生・高校生の部の作品では歴史（とくに戦国時代，太平洋戦争時代）関係の雑誌が，小学生の部の作品では科学雑誌が多く含まれていた．また③については，少数ではあるが，中学生や高校生の部の作品の一部で，大学や研究機関の紀要が引

用されていた。

(3) その他

上記以外の資料として，①博物館，企業，自治体が出した広告・パンフレット，②調査報告書，③点字資料，④地図資料が存在した。作品中でのこれらの引用のされ方は今後の検討課題だが，①や②のうち例えば地方自治体の調査報告書は，信頼性の高い資料になり得ると考えられる。

4.5.2 図書の分析

表4.8に，NDC分類別の図書の内訳を示す。

全体的には，いずれの学校段階でも，利用数の多い類は1つか2つに偏っている。例えば，小学生の部（低学年）では，利用されている図書の半数は4類（自然科学）に集中しており，中学生の部では2類（歴史）が，高校生の部では2類（歴史）と3類（社会科学）の図書が最も多く利用されている。これらは，前述したテーマ別（NDC分類別）の作品数の分布とゆるやかに対応している。このように，図書資料は，ある学校段階に偏って現れる類（2，3，4，6，9類），一定して利用数の少ない類（0，1，8類），それらの中間の類（5，7類），に分かれる。以下，各類の図書の具体例を記述する。

(1) 0類（総記）

0類のなかでは，030（百科事典）に分類される図書が目立つ。分析対象のうち2作品以上で利用されていた百科事典は，小学生の部では『総合百科事典

表4.8　NDC分類別の図書資料の内訳

(上段：作品数，下段：[%])

	0類	1類	2類	3類	4類	5類	6類	7類	8類	9類	合計
小学生 (低)	9 [3]	0 [0]	7 [2]	15 [5]	143 [49]	27 [9]	53 [18]	31 [11]	6 [2]	2 [1]	293 [100]
小学生 (高)	11 [2]	2 [0]	32 [7]	62 [14]	115 [25]	61 [13]	72 [16]	55 [12]	35 [8]	14 [3]	459 [100]
中学生	5 [1]	3 [1]	99 [27]	32 [9]	60 [17]	40 [11]	25 [7]	18 [5]	6 [2]	74 [20]	362 [100]
高校生	19 [7]	2 [1]	82 [29]	83 [29]	16 [6]	6 [2]	4 [1]	44 [15]	3 [1]	25 [9]	284 [100]

ポプラディア』（ポプラ社），中学生の部，高校生の部では『世界大百科事典』（平凡社），『日本大百科全書』（小学館）などが挙げられる。これらは，いくつかの作品では用語の定義や意味を調べるために頻繁に使用されている。その他としては，070（ジャーナリズム．新聞）の図書があり，メディア・ジャーナリズム関連のテーマの作品で引用されていた。

(2)　1類（哲学）

1類に分類される図書はほとんど見られなかった。これは，「思想」「心理」「宗教」といった，1類に分類される図書の内容は，今回分析対象とした作品のテーマとは直接の関わりをもたないためと考えられる。

(3)　2類（歴史）

2類の図書は，中学生・高校生の部の作品で多く引用されている。二次区分で見ると，210（日本史），280（伝記），290（地理・地誌・紀行）が多い。210と280の図書で主に扱われている時代区分と内容は以下のとおりである。①古代：縄文時代，石器時代の土器や古墳など考古学関係，②戦国時代：戦国武将や当時の風俗習慣，③江戸時代：江戸時代の政治体制や幕末の人物（伊能忠敬，坂本竜馬，福沢諭吉など），④昭和時代：太平洋戦争・沖縄戦。

(4)　3類（社会科学）

3類の図書は，高校生の部の作品で多く引用されている。二次区分で見たときに最も多いのは380（風俗習慣・民俗学・民族学）であり，360（社会），370（教育）と続く。380（風俗習慣・民俗学・民族学）のなかでは食生活や年中行事についての図書が多く，360（社会）では「難民問題」「中国残留孤児」「薬害」「防災」など，社会問題に関連する図書が多い。また，370（教育）では，点字や手話についての図書が含まれていた。

(5)　4類（自然科学）

4類の図書には図鑑が多く含まれていた。例えば，「学研の図鑑」「小学館の図鑑NEO」などが複数の作品で挙げられていた。二次区分としては，440（天文学・宇宙科学），470（植物），480（動物）が多い。470（植物）には，図鑑以外では植物の栽培方法について書かれた図書が多く，480（動物）では，「昆虫類」「貝類」「魚類」「猿」「鳥」に関する図書が多く含まれていた。それら以外

では，490（医学・薬学）が多く，これらはけがや病気，人体をテーマとした作品や，薬害エイズなど医療問題をテーマとする作品で引用されていた。

⑹　5類（工業）

5類の図書は，高校生の部以外では，全体の約10％程度を占めている。その内訳をみると，510（建設工学・土木工学）と590（家政学・生活科学）の図書が多い。前者は環境問題をテーマとする作品で，後者は580（製造工業）の図書とともに，食品に関連したテーマの作品で多く引用されていた。その他では，520（建築）の図書が比較的多く引用されていた。

⑺　6類（産業）

6類の図書は，小学生の部の作品で多く引用されているが，とくに610（農業）と620（園芸）の図書の比率が高い。これらは，小学生の部では食品に関連したテーマの作品で引用されており，高校生の部では，貧困問題のような社会問題をテーマにした作品で引用されていた。その他としては，640（畜産業・獣医学）660（水産業）に該当する図書が比較的多く見られた。

⑻　7類（芸術）

7類の図書は，中学生の部以外で一定の引用数がある。二次区分でみると，720（絵画・書道），750（工芸），770（演劇・映画）の図書が多い。これらは，「書道」「ガラス工芸」「歌舞伎」など，それを直接的にテーマとする作品で引用されている。また，この類のなかには漫画も一定数含まれていた。比較的多かったのは，食材や料理を題材にしている漫画や，歴史漫画である。

⑼　8類（言語）

8類の図書は，全体に数は少ないが，その二次区分を見ると810（日本語）と820（中国語）が多数を占めている。これらは「国語辞典」「漢和辞典」「漢字辞典」「古語辞典」などの辞典類である。0類の百科事典と同様に，これらは作品中で用語の定義や意味，知らない言葉の意味を調べるために利用されている一方，「漢字の筆順」など言語そのものがテーマの作品でも引用されていた。

⑽　9類（文学）

9類の図書は中学生の部の作品での引用が多いが，これは日本人作家をテーマにした一作品の影響が強い。この作品で引用されている図書の内訳をみると，

910（日本文学）の図書が最も多いが，940（ドイツ文学）の図書も引用されている。また，ほかの作品のなかでは「万葉集」「枕草子」などの古典文学や，古典作品の詩歌について書かれた図書が引用されており，これらは文学作品に記述されている風俗や日本文化を調べるために利用されていた。

NDC別に図書の内容を見てきたが，作品の多くは，テーマと直接に関係する分類以外にも複数の類の図書を利用していた。例えば，「文化財保護」をテーマにした作品では，保護対象である古墳について210（日本史）の図書を，古墳の壁画については700（芸術）の図書を，文化財保護に関する法律については310（法律）の図書を引用している。ほかにも，日本人作家について調べた作品では，その作家の作風を調べるために910（日本文学）だけでなく940（ドイツ文学）の図書を，さらに，その作家の作品で重要な役割を果たす「色」について調べるために750（工芸）の図書を引用している。

4.5.3　電子資料の分析

表4.9に，インターネット上の電子資料の内訳を示す。ここでは「公的機関」「学術機関」「法人団体」「企業」「個人サイト」「情報サイト」に分類した。しかし，ほかの資料と比べて，電子資料は正確なURLやサイト名が記述されていないものも相当数存在しており，電子資料の出典の明記は，コンクールの今後の課題といえる。

(1)　公的機関

公的機関のサイトは，①図書館，②博物館，③自治体およびその付属機関，④中央省庁に大別される。①と②は小学生の部の作品で多く参照されており，これは小学生でも図書館や博物館のウェブサイトを利用していることを示している。③と④については，学校段階を問わず，環境・食品関連の部署が多く含まれていた。

(2)　学術機関

学術機関のサイトは，大学と研究所のサイトが含まれる。意外なことに，これらは高校生の部だけではなく，小学生の部の作品でも引用されていた。URLから学部の名称まで追跡したところ，生物学，医学，環境科学系の学部のサイ

表4.9　電子資料の内訳

(上段：作品数，下段：[%])

	公的機関	学術機関	非営利法人	企　業	個人サイト	情報サイト	合　計
小学生 (低)	35 [32]	11 [10]	12 [11]	13 [12]	28 [26]	10 [9]	109 [100]
小学生 (高)	24 [12]	16 [8]	24 [12]	75 [36]	52 [25]	16 [8]	207 [100]
中学生	19 [18]	11 [10]	8 [7]	30 [28]	32 [30]	8 [7]	108 [100]
高校生	20 [22]	6 [7]	31 [34]	12 [13]	19 [21]	3 [3]	91 [100]

トが多く，人文社会科学系の学部のサイトは含まれていなかった。

(3)　**非営利法人**

　非営利法人のサイトには，①NPO法人，②社団法人・財団法人，③宗教法人が含まれる。全般的には高校生の作品で多く引用されていたが，①はどの学校段階の作品でも一定数引用されている。②は資料数としては最も多く，食品業界を中心とした業界団体のサイトが多く含まれている。③には寺社のサイトが含まれる。

(4)　**企　業**

　企業の主な業種には，①食品産業，②製造業，③メディア産業，④重化学工業が挙げられる。小学生の部の作品はお菓子屋や玩具屋など①と②が多く引用され，中学生・高校生の部の作品では，それ以外にも製薬会社や新聞社などを含む多様な企業のサイトが引用されていた。

(5)　**個人サイト・情報サイト**

　個人サイトと情報サイト（ウィキペディアなど）は，小学生の部から高校生の部の作品まで，合計で約20〜40％程度含まれており，その内容は多様である。しかし，これらのサイトには，2010年6月時点でリンク切れのものが多く含まれていた。また一般に，個人サイトや情報サイトには，書かれている内容の信頼性に疑問があるため，URLと同時に最終アクセス時を明記しておくことが必要である。

4.6 学校段階別の分析と課題

　本章では，コンクールの第8〜12回受賞作品を，テーマ，構成，参考資料の3つの観点から分析した。最後に，これまでの結果をまとめるとともに，コンクールへの参加を通して得ることが期待される能力について，学校段階別にまとめておく。

(1)　小学生の部

　小学生の部では，日常生活での観察や家族との会話のなかで生じた疑問を主なきっかけとして，動植物や自然現象を調べた作品が多く見られた。作品の構成は，①仮説を立ててそれを検証していく作品，②多くの疑問に対して1つ1つ答えていく作品が多く，これらは文献調査に加えて実験・体験活動やインタビュー調査を行い，総合的にアプローチしていた。また，作品中で引用されている資料は，ほとんどが図書と電子資料であり，図書の約半数は4類（自然科学）であった。

　これらから，小学生の部では，①身の回りの現象に対して「疑問」をもち，それを問いとして発信する能力，②文献だけでなく，実験・体験やインタビュー調査を含めたさまざまな方法を組み合わせてアプローチする能力，③調べるための基本的手段として，図書とインターネットを活用する能力の3つを得ることが期待される。

(2)　中学生の部

　中学生の部では，作品のテーマは自然科学だけでなく歴史など人文科学にも広がりを見せる。テーマの選択動機も，新聞や書籍などメディアから得た情報をきっかけとした作品や，過去の経験をもとにした作品が多くなる。構成面では，多くの疑問を解決したり特定の対象について調べてまとめる作品のほか，最初に課題を設定して，最後にその解決策を提示する作品が増えてくる。また，参考資料として，図書と電子資料以外にも，逐次刊行物や官公庁・自治体の報告書なども利用するようになる。

　これらから，中学生の部では新たに，①メディアや過去の経験から，解決すべき課題を見つけて定式化する能力，②文献調査やインタビュー調査，体験活

動で調べたことを根拠として，課題に対する解決策を提示する能力，③必要に応じて，図書と電子資料以外の多様な資料を選択して調べる能力の3つを得ることが期待される。

(3) 高校生の部

高校生の部では，人文・社会科学系のテーマの作品が中心となる。それらは日常の観察や会話よりも，学校の授業，メディア，過去の経験を主なきっかけにしている。構成面では，課題を設定してそれに対する解決策を提示する作品がさらに多くなる。逆に，1つの対象を総合的に調べてまとめる形式の作品は少なくなり，文献調査のみ，または文献調査とインタビュー調査を組み合わせた作品が多くなる。このときのインタビュー調査先は，講演会や学術機関が多い。参考資料では，中学生までの作品と比べて，より信頼性の高いものが多く引用されるようになる。

これらから，高校生の部では，①テーマを十分に絞り込む能力，②絞り込んだテーマに応じて，より妥当な研究手法を選択する能力，③信頼性に応じてメディアを取捨選択して活用する能力の3つが得られることが期待される。

これらのように，コンクールへの参加を通じて，少なくとも，テーマ設定力，論の構成力，資料活用能力の3つの能力が，各学校段階に応じたレベルで身につけられていることが示唆された。

今後の課題として，以下の3点を挙げたい。1点目として，テーマとその選択動機については，より多くの作品を分析すると同時に，構成や参考資料との相関関係を詳しく分析したいと考えている。2点目として，作品の構成については，作品の構成要素をより細かく設定して分析をしなおすことで，学年段階に応じてなされている構成上の工夫を明らかにしたい。3点目として，参考資料については，作品中での引用のされ方や，そのメディアごとの差異について検討したい。これらの作業により，コンクールへの参加を通して身につけられる能力がより明確になると考えられる。

第5章
受賞者はどのように振り返っているか

　本章では，コンクール第1回（1997年）〜第12回（2008年）の受賞者を対象に，2010年1〜2月にかけて質問紙法（郵送法）で行った調査の結果を報告する。調査を通じて，執筆プロセスと回答者が感じている効果を明らかにすることを目的としている。

　まず，選んだテーマであるが，小学生だった回答者は理科に近いテーマと社会に近いテーマを選んだのに対し，中学生，高校生と学年が上がるにつれて理科は少なくなり，高校生だった回答者のほとんどは社会に近いテーマを選んでいた。これは，研究手法として小学生だった回答者は「実験・観察・制作」と「インタビュー」「見学・経験」の3つを選んでいる人が多いのに対して，中高校生だった回答者は「実験・観察・制作」が減って「見学・経験」「インタビュー」を選んでいる人が多いことと対応している。また，小中学生だった回答者は夏休みの課題として取り組んだのに対して，高校生だった回答者は教科外学習，卒業研究で取り組んだと答えている。このことは，使用したメディアの入手先や人的支援についても，小中学生は公共図書館と家族が多いのに対して，高校生では学校図書館，教師が増えていることと関連している。

　以上により，小学生は夏休みの課題として家族の支援を受けながら公共図書館に通いつつ理科や社会など身近なテーマについて多様な方法で研究する姿が浮かび上がる。中学生になると，基本的には小学生と同じだが科学的な方法による理科的なテーマが減ってくる。高校生では，学校での教科外学習や卒業研究などで教師の支援を受けながら社会科系の方法とテーマを採用して執筆するものに限定されていることがわかる。

　執筆の効果については，小学生だった回答者，中学生だった回答者について分析した。いずれも，自分が選んだテーマに近い教科への効果を挙げているが，理科的なテーマを選んだ回答者でも国語や社会に対する効果を挙げていたことが注目される。これは，文章を書くことで国語の力が身につくと感じているのであろうし，小中学生の作品が理科といっても純粋の科学的な方法だけでなく，その地域分布や歴史的な背景などテーマの補足的な情報を求めることと関わっている。このことは選んだテー

マに関わらず，教科以外のスキル面で「文章を書く」「本を読む」「人前で発表する」「図書館を利用する」といったものに効果があったと答えている回答者が多かったことと対応するものである。ただし，中学生時代に取り組んだ回答者が「人前で発表する」ことについて効果を感じていない人が多いことについては今後の検討を要する。

受験に対する効果を感じている回答者は中学生，高校生で書いた人の過半数にのぼった。自由記述欄の分析では文章を書く力や論理的な思考，粘り強さ，また学ぶことの動機づけなどの効果が指摘されている。また，現在社会人になっている人の8割が何らかの効果を感じると報告しており，書いたりまとめたりする力や粘り強さなどが具体的に指摘されている。

つまり，コンクールの受賞者は，自分自身の興味や関心を発展させ，そのなかで図書館利用やさまざまな調査方法を用いることでスキル的な能力を獲得し，また，さまざまな情報を用いることで読解力や書く力を伸ばすことができたと感じている。効果的に情報リテラシー能力を身につけていたといえるのではないだろうか。

5.1 コンクールの教育的効果の分析

わが国では，2002年より総合的な学習の時間が導入されたことにより，従来の系統学習から学習者の主体性や教科横断性に重点を置く探究学習が注目されている。指導者向けの指導事例や探究学習の手引書は多数出版されているものの，探究学習を実施する環境，学習者の実態，探究学習に必要とされる教材（メディア），その最終的な効果を検証した研究の蓄積が十分だとはいえなかった。

本章では，「図書館の学校」が実施している「図書館を使った調べる学習コンクール」（以下，コンクール）に焦点を当てて，図書館を使った調べる学習の効果を分析するために，コンクールの入賞者を対象に質問紙調査を実施した。コンクールでは，探究学習を実施するにあたり図書館の利用が前提とされており，そのうえで，参加者は自身の興味・関心に応じて調べたことを作品ないしはレポート（論文）形式で報告する。コンクールは全年齢を対象としているが，本章では，小学生，中学生，高校生の受賞者を対象に，教育的効果を分析する。

5.2 調査の概要と分析の視点

5.2.1 調査の概要

コンクール第1～12回の受賞者を対象に質問紙法（郵送法）で調査を実施した。調査対象は，調べる学習部門の受賞者の小学生，中学生，高校生で，調査時点で中学生以上の年齢になっている人である。複数回受賞者については，受賞年が最新の学年（受賞年度）を選択するように依頼している。調査票（調査紙）は選択肢式の質問と自由記述を織り交ぜて構成した。調査票の作成にあたっては，2009年10月に「図書館の学校」事務局へヒアリングを実施し，その後研究チームが質問項目を構成した。調査票は1種類とし，すべての調査対象者に同一のものを同事務局経由で配布した。調査票は巻末に資料3として掲載してある。

調査票は2010年1月から発送した。2010年8月中旬までに回収されたものを今回の集計対象とした。調査票の配布数，回収率については以下のとおりである。全体で約55％の回収率を得ている。

・第1～12回受賞者：416件（うち調査対象外113件，住所不明35件）
・配布対象：268件
・実際の配布数：180件（配布住所不明51件，複数回受賞のための重複36件，その他1件）
・回収数：99件（55.0％）における受賞時の学校別の内訳と構成比率は次のとおり。
　―小学生：51件（52％）
　―中学生：31件（31％）
　―高校生：17件（17％）

5.2.2 分析の視点

主に①作品執筆のプロセス，②コンクール後に回答者が感じた効果の2点から分析を行う。

①には，執筆時期，作品のテーマ（教科との関係など），作品執筆に関して得られた支援，利用したメディアなどが含まれる。②には，回答者自身がコンクー

ル後に感じた,選択したテーマとそのテーマが含まれる教科に対する効果やスキル的な側面への効果,受験に対する効果,進路選択に対する影響,職業選択に対する影響,社会人になってから感じる効果などが含まれる。

以上の点について,質問紙調査の結果,図書館の学校へのインタビュー結果,回答者の自由記述などを多角的に分析することで,可能な限り包括的にコンクールの教育的な効果を明らかにすることを試みる。

5.3 コンクール受賞後の回答者

5.3.1 回答者の分布

表5.1に回答者の受賞年の分布を見ると,回答者の全体の構成は,小学生51人,中学生が31人,高校生17人となっている。第2章の応募数の推移の図2.1にあったように,2002年ころから応募者数が増加する傾向があり,それにともなって受賞者数も増えている。しかし,アンケートは2010年の調査時点で中学生以上の人を対象にしているので,この調査の対象者は各年度それほど大きな違いはなく,実際の回答者も第1～12回までの各年でまんべんなく分布していることがわかる。

5.3.2 回答者の現在

回答者の現在の状態については,割合の高い順に,大学生28人(29%),高校生26人(27%),中学生24人(25%)である。また,社会人14人(14%),大学院生が4人(4%),その他3人になっている。中高生が約半数,大学生・社会人が半数という分布になっている。

そのうちで大学生,大学院生,社会人のそれぞれの所属学部,所属研究科,業種の現在の内訳を分析する。

表5.1 回答者の分布

(人)

受賞者数	1回	2回	3回	4回	5回	6回	7回	8回	9回	10回	11回	12回	合計
小学生	0	3	3	4	6	5	9	3	6	4	6	2	51
中学生	2	2	2	2	3	2	2	2	2	3	4	3	31
高校生	0	1	0	1	0	1	2	2	2	3	3	2	17

表5.2　大学生の回答者の学部系統

(人)

学部系統	人文	芸術	社会科学	自然科学	福祉	医・歯	不明	合計
人数	6	3	9	4	2	2	2	28

(1) 大学生

表5.2で，現在大学生の回答者が28人で，その内訳は多い順に社会科学系9人（32％），人文系6人（21％），自然科学系4人（14％），芸術系3人（11％），福祉系2人（7％），医学部・歯学部2人（7％）である。なお，所属学部未回答，未記入は不明に含めている。

学部系統の傾向として，社会科学，人文，芸術など文系学部への在籍者が圧倒的に多いものの，自然科学，医学部系統の在籍者も一定数いることがわかる。

(2) 大学院生

表5.3で，大学院生の所属している研究科の内訳は多い順に，理工学研究科2人，法学研究科1人，国際情報通信研究科1人である。大学院進学者数は合計4人と少ないことから，このコンクールがとくに研究的なキャリア形成に影響を与えているわけではないことがわかる。

(3) 社会人の業種

表5.4で，社会人の業種について見ておきたい。業種の分類にあたっては，総務省統計局・政策統括官・統計研究所の平成18年事業所・企業統計調査産業分類一覧のA～Rのカテゴリーに可能な限り準拠した[1]。

内訳は多い順にサービス業3人，卸売業3人，そのほか表中の業種はそれぞれ1人となっている。なお，社会人と回答したものの，業種未回答者は不明に含めている。

表5.3　大学院生の回答者の所属研究科

(人)

所属研究科	法学	理工学	国際情報通信	合計
人数	1	2	1	4

表5.4　社会人の回答者の業種

(人)

業種	サービス	卸売	運輸	宿泊	情報通信	金融保険	医療福祉	製造	教育	不明	合計
人数	3	3	1	1	1	1	1	1	1	1	14

あとの分析とも関わるが，大学院生が少ないこと，大学生の専門分野や社会人の業種が多岐にわたることからも，調べる学習が学問研究領域への専門性を高めるというよりも，むしろ幅広い職業選択につながっているといえる。

なお，本章では受賞時に在校した学校別の分析を行うので，以下「小学生」「中学生」「高校生」というのは，受賞時のものであることに注意されたい。

5.3.3　調べる学習で選ぶテーマ

ここでは，回答者が取り組んだテーマが学習指導要領上の教科のどれに近いものだったかを質問している。表5.5は，その回答結果である。

小学生は理科，社会，技術・家庭など，日常生活に密着した教科と関わりのあるテーマを選択する傾向が高い。これに対して，中学生と高校生は文系のテーマに偏る傾向がある。

以上より，小学生は理科，社会を軸として日常生活や社会と関わりがあるテーマを選択し，中学生，高校生は文系科目（とくに社会や国語）のテーマを選択することが明らかになった。この傾向は第4章の受賞作品分析の結果とも一致している。中高校生で，小学校で多かった理科を選択する人が減る理由として

表5.5　回答者のテーマ（複数回答可）

(人)

受賞時期	国語	算数数学	社会	理科	美術	音楽	保健体育	技術家庭	情報	外国語文学	その他
小学生 (N=51)	8	1	26	28	3	1	3	10	0	2	2
中学生 (N=31)	8	2	17	5	2	2	3	3	3	1	6
高校生 (N=17)	0	0	15	3	4	0	0	1	1	0	1

表5.6 テーマの選択動機

(人)

受賞時期	経験・観察	教科学習	教科外学習	家族との会話	読書	マスメディア	インターネット	その他	合計
小学生	24	4	2	12	1	1	0	3	47
中学生	8	2	1	3	2	9	0	4	29
高校生	10	1	1	1	1	2	0	1	17

は，実験設備や指導体制などで対応できないことに加えて，理科に関してはほかにも科学論文コンクールや科学系の学会が主催する論文賞があることや，調べる学習という方法自体が一定の内容以上になると理科的な分野に合わないことが考えられる。

5.3.4 テーマ選択の動機

表5.6は，回答者のテーマ選択動機を示したものである。質問紙の選択肢は以下のとおりである。質問は1つ選ぶことになっているので，複数回答をしているものは無効としている。

1　自分自身の経験や観察　　2　普通の教科（国語，社会，理科，英語など）の学習
3　総合的な学習の時間やクラブ活動など普通の教科以外の学習
4　親や家族との会話　　5　読書　　6　テレビや新聞，雑誌などのマスメディア
7　インターネット（Web，掲示板，ブログなど）　　8　その他

(1)　小学生

割合の高いものとして，「自身の経験や観察」24人（51％），「親や家族との会話」12人（21％）が挙げられた。コンクールが自身の興味や関心を追求する場所になっている。親との会話については，小学生の発達段階にもよるのだろうが，とくに小学生低学年の場合，自身の興味や関心を明文化し，作品に示すことを一人で行うのは難しい。そのため，親や家族との会話そのものが，小学生の興味や関心を引き出す重要なコミュニケーションになっていると推察できる。

(2)　中学生

割合の高い順に，「マスメディア」9人（31％），「自身の経験や観察」8人（28％）となっている。マスメディアの内訳は調査していないものの，中学生

になると，小学生以上に利用できるメディアが増え，日常生活に根付き，興味や関心を発達させる役割としても作用する可能性がある。また，「親との会話」は3人（10%）にとどまっており，小学生の受賞者と比較した場合，外部に意識が向けられるようになるなど，発達段階の影響があると推測される。

(3) 高校生

割合の高い順に，「自身の経験や観察」10人（59%），「マスメディア」2人（12%）である。中学生と比較して，「自身の経験や観察」を表現する機会としてコンクールに参加した回答者が多くなっている。中学段階で外部に向いた関心を再度自分の経験をもとにした問題意識として再構成することができるようになった結果であろう。高校生の入賞者のなかには，学校で指導を受けている例も少なくないので，このようなテーマ設定をするような指導体制があることも考えられる。

5.3.5 調べる学習に取り組む機会

表5.7は，回答者がどのような機会を使って調べる学習に取り組みコンクールに参加したのかを示したものである。質問紙の選択肢は以下のとおりである。

1　普通の教科（国語，社会，理科，英語など）の学習
2　総合的な学習の時間やクラブ活動など普通の教科以外の学習
3　夏休みの自由研究等の課題・宿題　　4　卒業研究，卒業論文
5　その他

(1) 小学生，中学生

ほとんどが「夏休みの自由研究」を使ってコンクールに参加するようである。小学生での入賞者中の45人（88%），中学生での入賞者中の23人（74%）がこれを選んでいる。自由研究の作品を，学校を通じて地域コンクールに出品する例

表5.7　コンクールに取り組む機会

(人)

受賞時期	教科	教科外学習	夏休み課題	卒業研究	その他	合計
小学生	1	3	45	1	1	51
中学生	0	7	23	0	1	31
高校生	0	4	2	5	5	16

が多いが，直接全国コンクール事務局に送付する場合もある。

(2) 高校生

教科外学習，卒業研究を通じてコンクールへの応募をしている割合が高い。これは，論文を書かせるような教育課程をもっている学校から多くの受賞者が出ていることを意味しているものと思われる。だが，興味深い傾向として，高校生の回答者で項目5「その他」を選んだもののうち，ほぼ全員が自発的にコンクールに参加したという回答が得られた。高校段階になると学校の教育課程外での取り組みが全体の3分の1を占めているということについては，さらに検討を要するものと思われる。

5.4 メディアの利用と研究手法

本節では回答者のメディアの利用，図書館利用との関連で，司書，司書教諭からの人的支援そして研究手法について分析したい。

5.4.1 メディアの入手先

表5.8では，作品執筆の段階で利用したメディアの利用率を示している。メディアはどのような入手経路だったかも含めて聞いている。選択肢は次のようになっている。

1　教科書や資料集などの教材　　2　家にある本や資料　　3　学校図書館にある本や資料　　4　公共図書館にある本や資料　　5　先生から借りた本や資料　　6　インターネット上の情報　　7　その他

表5.8　コンクールで利用したメディアの入手先（複数回答可）

(人)

受賞時期	教材	家	学校図書館	公共図書館	先生	インターネット	その他
小学生 (N=51)	4	25	22	50	10	38	7
中学生 (N=31)	10	17	20	24	6	22	11
高校生 (N=17)	3	8	14	15	6	12	5

(1) 小学生

公共図書館の本50人（98%）に対して，学校図書館の本22人（43%）である。コンクールの作品執筆の多くが夏休みの自由研究の機会に行われるが，夏休みの時期に学校図書館が開館していないことが多いため，公共図書館の利用が高くなっていることが考えられる。そのほか，①学校図書館においては，小学生の選ぶテーマとそれに要求される蔵書が通常の学校図書館の範囲を超えてしまうこと，②小学校低学年の場合，保護者の協力を得て調べている可能性が高いことが考えられる。とくに①を解決するために，インターネット上の情報利用が考えられるが，入手先として38人（68%）がこれを挙げている。

(2) 中学生

公共図書館の本24人（77%），学校図書館の本20人（65%）であり，小学生ほど両者の利用率に差はない。また，インターネット上の情報の利用22人（71%）となっている。全体に小学生と類似の傾向ではあるが，受賞する生徒の所属する学校の図書館は充実しているのかもしれない。

(3) 高校生

公共図書館の本15人（88%），学校図書館の本14人（82%）と両者の利用率が総じて高く差は小さい。考えられる要因として，高校では参加者が特定の学校に集中しており，そうした学校の学校図書館では支援体制が整備されていることが考えられる。また，インターネットの利用12人（71%）であり，インターネットも積極的に利用している。

以上により，小学生，中学生，高校生とも，コンクールに参加するうえで図書館の本を頻繁に利用しており，併用してインターネットを利用する割合も高い[2]ことが明らかになった。しかしながら，自分でインターネットを使えるだけの情報リテラシーの知識やスキルを有しているかについては確かなことはわからない。また，作品執筆のプロセスで利用していても，利用したインターネットを引用しているかどうかが，この調査からでは明らかではない。第4章4.5.3の分析結果からは，引用していない場合も多い可能性が高いことがわかる。

5.4.2 人的協力

図書館の利用とコンクールに関連する人的協力について表5.9を見ると，小

表5.9 人的協力（複数回答可）

(人)

受賞時期	ひとり	先生	親・家族	親類	友人	学校図書館職員	公共図書館職員	その他
小学生 (N＝51)	0	25	47	10	2	13	8	12
中学生 (N＝31)	2	19	21	3	2	10	1	5
高校生 (N＝17)	0	15	11	1	1	2	2	6

1　全部ひとりでやった　2　先生　3　親あるいは家族　4　祖父母あるいは親類　5　友人　6　学校図書館職員（司書）　7　公共図書館職員　8　上記以外の人

　学生は，「親・家族からの支援」や「先生からの支援」が多いが，図書館との関連では「学校図書館員」13人（25％），「公共図書館職員」8人（16％）であり，約40％の小学生が図書館員から協力を得ている。中学生は，「親，家族からの支援」に次いで，「先生からの支援」が19人（61％）であり，学校の授業や夏休みの宿題で取り組んだ場合，教員からの支援が得られると考えられる。また，図書館との関連では，「学校図書館員」10人（32％），「公共図書館職員」1人（3％）となっている。高校生になると，「先生からの支援」15人（88％）が最も多い。次いで「親，家族からの支援」11人（65％）となっている。また，図書館との関連では，「学校図書館員」2人（12％），「公共図書館職員」2人（12％）となっている。

　以上より，調べる学習が自力では実施できないこと，家族の支援が重要な役割を果たしていることが示された。また，小中高と上がるにつれて，家族や親類の支援が教員からの支援へと変わっていく傾向にあるのは，くり返しになるが参加者の出身校が特定の指導を行っている学校に絞られていくからである。とくに高校レベルでの受賞には学校での指導が必須の条件になっていることがわかる。

5.4.3　研究手法

　回答者が用いた文献調査以外の研究手法について，その結果を表5.10に示す。質問紙の選択肢は，①「（天体，動物，植物，自然などを）観察（観測）する」

表5.10 文献調査以外の研究手法について（複数回答可）

（上段：人，下段：[％]）

受賞時期	観察・実験・制作	インタビュー	見学・経験	アンケート	その他
小学生 （N＝51）	37 [73]	34 [67]	36 [71]	8 [16]	3 [6]
中学生 （N＝31）	12 [39]	22 [71]	22 [71]	7 [23]	1 [3]
高校生 （N＝17）	1 [6]	12 [71]	13 [77]	1 [6]	0 [0]

「(植物を) 栽培したり，(動物を) 飼育したりする」「(工芸品や美術作品を) つくる」「実験する」を1つにして→観察・実験・制作，②インタビュー，③「(施設などを) 見学する」「経験する (体験する，やってみる)」を1つにして→見学・経験，④アンケート，⑤その他とした。

　小学生は実験・観察・制作（理科に関連する手法）と見学・インタビュー（社会に関連する手法）を用いた回答者数が多いものの，中学生，高校生になると，見学・経験やインタビューなど社会に関連する手法を用いた回答者数が多くなっている。ここから，コンクールの全体的な傾向とも合致していることが読み取れる。

5.4.4　教科（社会，理科）と研究手法

　上記のことを確認するために，作品のテーマ（教科）と研究手法の関連についてクロス集計の手法によって検討する。まず，回答者全体での割合を示しておく。表5.11ではその結果を示している。割合は，テーマとして選択した教科における割合である。なお，「その他」については，表中に分析結果は示していない。

　回答者全体では，社会科系のテーマの場合は見学やインタビューなど実社会との関わりを探る方法を中心にし，理科系のテーマの場合は観察実験など理科系特有の方法を採用しているが，それだけでなくどちらも多様な方法を選んでいることがわかる。

　小学生の場合，理科では実験・観察・制作を利用する割合が高く，社会では

表5.11 教科と研究手法の関連（複数回答可）

(上段：人，下段：[％])

	手　法	観察・実験・制作	インタビュー	見学・経験	アンケート
回答者全体	社会（N＝58）	23 [40]	44 [76]	46 [79]	13 [22]
	理科（N＝36）	29 [81]	21 [58]	20 [57]	4 [11]
小学生	社会（N＝26）	17 [65]	21 [81]	23 [89]	8 [31]
	理科（N＝28）	24 [86]	14 [50]	14 [50]	1 [4]
中学生	社会（N＝17）	5 [29]	12 [71]	11 [65]	4 [23]
	理科（N＝5）	4 [80]	5 [100]	3 [60]	3 [60]
高校生	社会（N＝15）	1 [7]	11 [73]	12 [80]	1 [7]
	理科（N＝3）	1 [33]	2 [67]	3 [100]	0 [0]

見学・インタビューを利用する割合が高いが，どちらもほかにさまざまな手法を併用していることがわかる。

中学生は，理科の選択が少なくなるが，小学生と同様に，多様な方法を使っている。

高校生になると，理科の選択はさらに少なくなる。また，理科といっても，観察や実験のような手法は少なく，見学やインタビューが中心になっている。

以上の結果から，回答者は選択したテーマに対して特定の教科の方法だけでなく，ほかの方法も合わせてアプローチしていたことがわかる。とくに理科に近いテーマを取り上げた研究でも，理科の方法である「実験・観察・制作」以外の手法が多く用いられている。それも，上級の学校になるにつれて理科に近いテーマの回答者も研究手法において，科学的方法よりも社会科系の方法を採用する傾向を示していることは興味深い。これは，高校生でコンクールに参加

する人たちは，科学的な方法に基づいて理科的なテーマを追求しようとしているのではなく，「調べる学習」という枠内でこれを行おうとしていたことを意味していると考えられる。科学的な方法を使った研究のコンクールはほかにあることで，棲み分けが行われているといえよう。

5.5 コンクール後に感じる効果

回答者がコンクールを通じて感じた効果について検討したい。ただし，第1回参加の回答者と第12回参加の回答者では，受賞から回答までの期間において相当なタイムラグがあるために，感じられる効果において何らかの違いがあると思われる。そのことを念頭に置きながら，質問紙調査の結果をもとに分析を進めていく。

5.5.1 教科との関連

回答者がコンクール参加後，教科学習に対して感じている効果について検討する。質問紙は5段階法を用い，以下の尺度を用いた。学年は受賞当時のものであり，複数回受賞者については最新年度の学年を採択している。以下では，回答者の多かった小学校，中学校の社会科系，理科系の科目に対する効果を中心に分析を行う。

<u>1よく当てはまる</u>　2少し当てはまる　3<u>あまり当てはまらない</u>　4<u>全く</u>あてはまらない　5<u>わからない</u>

(1) **小学生**

表5.12は，作品執筆後に小学生の回答者が教科に対して感じている効果を示したものである。「よく当てはまる」「少し当てはまる」を合計したものをみると，「国語が得意になった」と「社会科系が得意になった」が26人（51%），「理科が得意になった」24人（47%）となっていて多い。これに対して「算数・数学が得意になった」は8人（16%）でこの科目にはあまり影響を感じていないようだ。理科については「よく当てはまる」が14人（28%）ときわめて多いことが特徴である。

表5.13では，選んだテーマ（関連する教科）とその後の教科に対する効果を検討する。「得意になった」とはそれぞれの科目で「よく当てはまる」「少し当

表5.12 作品執筆後に感じる効果（小学生）

(人)

効果	よく	少し	あまり	全く	わからない	合計
国語が得意になった	3	23	10	8	7	51
算数・数学が得意になった	0	8	19	14	9	50
社会科系が得意になった	7	19	8	10	7	51
理科系が得意になった	14	10	10	9	9	51

表5.13 選んだテーマと得意になった科目の関係（小学生）

(人)

テーマ	国語が得意になった	算数・数学が得意になった	社会科系が得意になった	理科系が得意になった
国語(N=8)	6	0	5	2
社会(N=26)	13	2	15	8
理科(N=28)	13	9	12	20
合計	32	11	32	30

てはまる」を合計した数字である。

　社会に近いテーマを選んだ回答者は，得意になった科目として，社会科系15人（58％），国語13人（50％）を挙げており，関連の科目である社会と文章表現（作成）に関わる国語に対して効果を感じている。一方理科の回答者は，得意になった科目として，多い順に理科20人（71％），国語13人（46％），社会12人（43％）となっており，理科だけでなく，国語や社会に対しても効果を感じている点が興味深い。

(2) 中学生

　表5.14は，作品執筆後に中学生の回答者が教科に対して感じている効果を示したものである。「社会科系が得意になった」が16人（52％），「国語が得意になった」14人（45％）までは小学校と似ているが，「理科が得意になった」7人（23％），「算数・数学が得意になった」3人（10％）と少ない。これはもともと理科や数学に関わるテーマ選んだ回答者が5人，2人しかいなかったこと

表5.14 作品執筆後に感じる効果（中学生）

（人）

効果	よく	少し	あまり	全く	わからない	合計
国語が得意になった	5	9	10	3	3	30
算数・数学が得意になった	1	2	12	14	2	31
社会科系が得意になった	6	10	7	5	3	31
理科系が得意になった	3	4	9	12	3	31

表5.15 選んだテーマと得意になった科目の関係（中学生）

（人）

テーマ	国語が得意になった	算数・数学が得意になった	社会科系が得意になった	理科系が得意になった
国語（N=8）	6	0	3	1
社会（N=17）	7	0	8	3
理科（N=5）	3	1	2	3
合計	16	1	13	7

もある。

　表5.15では，選んだテーマ（科目の枠組み）と教科に対する効果を検討する。

　社会に近いテーマを選んだ回答者は，得意になった科目として社会系8人（47%），国語7人（41%）と回答している。一方，理科に近いテーマを選んだ回答者は，得意になった科目として，理科系3人（60%），国語3人（60%）となっている。社会テーマ，理科テーマの回答者ともに，該当科目とともに国語に対する効果を感じている。また，理科テーマの回答者でも社会科系が得意になったと答えている回答者も一定数いることがわかる。

　以上の検討により，その後の影響として小学校，中学校ともに，社会科および国語に効果があったと考えている回答者が多いことに加えて，小学校で執筆した回答者は理科に効果があったことも指摘している。小中ともに，理科のテーマを選んだ回答者は理科だけでなく社会，国語にも効果があったと答えている。これらが意味するのは，まず論理的な文章執筆による言語能力を伸ばしたこと

であるが，同時に使用した研究方法に対応した理科ないし社会科の力を伸ばしたということができる。このコンクールでは理科のテーマでも方法は理科に限らず社会科の方法も使っているため，結局，理科を選んだ回答者は理科，社会，国語のいずれにも効果があるといっていることになる。

5.5.2 スキルとの関連

回答者が執筆後に教科以外のいくつかのスキル面に対して感じた効果を分析する。同時に，選択したテーマとスキルの関係についても検討したい。

(1) 小学生

表5.16の小学生の回答者が執筆後に感じたスキル面への効果については，「よく当てはまる」と「少し当てはまる」の回答者をあわせてみていきたい。文章を書く36人（72%），本を読む35人（70%），人前で発表37人（73%），図書館の利用33人（66%）である。回答者の70%程度がスキル面に対しての効果を感じている。

表5.16　スキルに対する効果（小学生）

(人)

効果	よく	少し	あまり	全く	わからない	合計
文章を書くのが得意になった	12	24	7	5	2	50
本を読むのが得意になった	15	20	10	2	3	50
人前での発表が得意になった	12	15	14	7	3	51
図書館の利用が得意になった	15	18	10	5	2	50

表5.17　選んだテーマとスキルの関係（小学生）

(人)

スキル	文章を読む	本を読む	発表	図書館利用
国語(N=8)	6	5	5	5
社会(N=26)	20	19	15	17
理科(N=28)	17	16	12	15

次に、表5.17で小学生が選んだテーマ（教科）と、身につけたと感じるスキルの関係を見ると、小学生の場合、社会と理科の回答者ともに、スキル的な側面へは広範に効果を感じているといえる。

(2) 中学生

表5.18の中学生の回答者が執筆後に感じたスキル面への効果で、「よく当てはまる」「少し当てはまる」を選んだ回答者は、「文章を書くのが得意になった」22人（71％）、「本を読むのが得意になった」24人（77％）、「人前での発表が得意になった」13人（42％）、「図書館の利用が得意になった」22人（71％）である。中学生になると文章を書く、本を読む、図書館の利用については約7割の回答者が効果を感じているものの、人前での発表に対する割合が4割程度で、ほかより低い。これが、中学生での調べる学習への参加が人前での発表とつながらないことを意味するのか、その後、人前で発表する機会が減ることを意味するのかは不明である。回答時点で、まだ中学生、高校生の回答者も多く含まれることが理由の1つかもしれない。

次に表5.19で、中学生が選んだテーマ（教科）と、そこで身につけたと感じるスキルの回答結果を見ると、中学生の場合、社会、理科の回答者ともに広範に渡ってスキル面への効果を感じていることは小学生と同傾向だが、発表に関しては国語を除くとテーマのいかんによらず4割程度とほかのスキルと比較してもその割合が低い。

表5.18　スキルに対する効果（中学生）

(人)

効果	よく	少し	あまり	全く	わからない	合計
文章を書くのが得意になった	11	11	6	2	1	31
本を読むのが得意になった	14	10	5	2	0	31
人前での発表が得意になった	6	7	14	2	2	31
図書館の利用が得意になった	11	11	7	1	1	31

表5.19 選んだテーマとスキルの関係（中学生）

(人)

スキル	文章を読む	本を読む	発表	図書館利用
国語(N=8)	8	7	5	7
社会(N=17)	11	13	6	12
理科(N=5)	4	4	2	5

表5.20 調べることの継続（教科別）

(人)

受賞時期	国語	社会	理科
小学生	4(N=8)	8(N=26)	10(N=28)
中学生	7(N=8)	10(N=17)	5(N=5)

(3) 調べる学習の継続

質問に「同じテーマについて調べ続けた」という項目がある。「よく当てはまる」「少し当てはまる」を選んだ回答者の合計は小学生51人中20人（39％），中学生31人中20人（65％）であった。回答時点で，小中学校時代に取り組んだテーマを継続して調査したと答えた人がこれだけいることは，作品を執筆しそれが評価されたことによって関心が持続したとともに，スキルを身につけたことが功を奏しているものと考えられる。中学生でその割合が高くなっているのは，回答までのタイムラグが短いことが1つの理由であるが，中学校になって選択したテーマが執筆者の興味や関心をより強く反映するものになっていたことがもう1つの要因として考えられる。

これを選んだテーマ別にクロス集計すると，表5.20になる。小学生で選んだテーマで継続する割合が高いのは国語で，中学生の回答者では理科，国語のテーマを選んだ人がとくに継続率が高いことがわかる。

5.6 受験や進路選択に感じる効果

ここでは，回答者が受験や進路選択に際して，コンクールで培ったことが，どの程度効果として感じられたのかを分析する。

5.6.1 受験との関連

表5.21は，受験を経験した回答者に対して，コンクールで獲得したスキルや能力が受験で役立ったと感じたのかを示したものである。

執筆時，「よく感じる」「少し感じる」を合計すると，小学生だった回答者は22人で受験経験者の69%，中学生だった回答者は18人で受験経験者の64%，高校生だった回答者は15人で93%であった。かなり高い割合の受験経験者が効果を感じていることがわかる。とくに，ほとんどの高校でのコンクール受賞者が受験に効果があったと答えているが，これはAO入試や推薦入試などの材料になり大学入学に有利に働いている面もある。したがって，受験への効果はそうした入試制度に関わる効果と論文を書くことによって身につけられる能力面の効果の2つに分けて検討する必要があるだろう。

実際に，回答者が自由記述で，能力面の効果に言及した箇所を引用する。

1 2003年受賞者　当時小学校低学年
あまり訓練をしなくても記述問題に答えられるようになった気がします。

2 2005年受賞者　当時小学校低学年
文章を書く力がつき，記述問題が得意になった。

3 2006年受賞者　当時中学生
無事第一志望校に入学してから，学校のテスト勉強のとき，世界史や生物，化学などは教科書だけでなく，資料集や本なども見ながら勉強するようになりました。
"知る"ことが楽しいと知っている私は，主体的に勉強できます。調べ学習をやり遂げた経験から，もっとがんばれると，自分を励ます力にもなっています。

4 2007年受賞者　当時小学校高学年
学習での調べ学習でも，ストーリーを考え，順序良く簡潔に文章をまとめられるようになりました。また，自分の考え，意見も上手に伝えられるようになったと思います。受賞して中学受験に臨み，難関を突破することができたのも，このコンクールのおかげだと思っています。

表5.21　受験に対する効果

(人)

受賞時期	よく感じる	少し感じる	あまり感じない	全く感じない	受験経験なし
小学生	10	12	8	2	10
中学生	7	11	7	3	2
高校生	7	8	1	0	0

①②は，文章を書く力がコンクールで培われ，受験に役立ったことが伝わる。③からは，必要な資料を積極的に活用する姿勢や学習方法を身につけたことがわかる。また，コンクールの作品を仕上げるのに要する労力や時間からもよい影響がある例があることがわかる。④は，論理的な思考と文章表現が受験によい影響を与えているという記述である。

　調べる学習に取り組むことが，受験勉強としての効果をもっており，とくに文章表現（作成）や論理的思考，適切な学習方法などの側面と，直接的には測定が難しいが，粘り強さなど心理面にも影響していることがいえるだろう。

5.6.2　進路選択との関連

　回答者が進路選択の際に，コンクールで取り組んだことの影響をどの程度感じているかを検討する。ここでは，回答者が自由記述欄で述べていた内容を抜粋して，進路選択とコンクールの関係をみていくことにする。

　①1999年受賞者
　　今，私は生命科学部の生命医科学科に進学しました。小学校2年生のときの夏休みの自由研究で調べた内容により，人体に興味をもち，人体の構造や，その病気のことについて学ぶことができる生命医科学科を選びました。
　　現在，大学の体育会バスケットボール部の学生トレーナーとして活動しています。その影響もあり，今はスポーツ医学にも興味を持っているので，今後この分野についても学ぶことができたら思っています。

　②1998年，1999年受賞者
　　中学・高校では，とにかく成績を上げるための決められた勉強という感じが強かったですが，大学に進学し，自分の興味あることを自由に勉強することができる環境になりました。探求することができる場において，この調べて書く学習は小学生の頃の経験ですが，とても活かされたと思います。

　③2003年受賞者
　　私は高校の時分に"エコ住宅"というものに興味を持ち，それを調べ学習のテーマとして用いました。そして今私は，大学で住環境について学んでいます。それに，これから先も住宅や建築に関わっていきたいと考えています。
　　このように，自分で調べることによって学んだ事柄や知識は，程度の差はあるにせよ，何かしらの形でその人の人生に影響をもたらすように思います。

　④2003年受賞者（母親の代筆）
　　書に関しての研究をした後，尚一層大学も書道科に進学することが出来た事は，本人にとりまして，満足を得た結果に繋ぐことができたと思います。中2の時に総合学習の一環として自由研究に取り組み，家族の励ましや協力のもと，

一生懸命，時間を費やした事が大きな賞に結びつき，自信となり，又，土台の一部にもなっているのだと考えます。我家にとりましても，この大きな賞（名誉）は大事な宝物として，忘れることなく，大切にしていきたいと思っております。

今後も微力ながらも書に携わっていくのだと思います。

1は，小学生のときに調べた内容がきっかけとなり，現在の職業選択に影響している内容である。自分の興味関心に応じて調べることは，既存の教科学習の要素（知識の獲得）に加えて，自分の追求したいことを明確にする機会になっていることがわかる。

2は，複数回受賞している。初等教育，中等教育では一定の内容を学習することが要求されるが，大学で要求される学習（一定の知識を運用して自由に研究する学習）への移行がスムーズになされたことに言及している。時間が経っても，小学生時代の経験が後々になって役立つ可能性があることを示唆している。

3は，高校時代にエコ住宅に取り組んだ結果，大学でも住居について研究を続けているという内容である。とくに「自分で調べることによって学んだ事柄や知識は，…人生に影響をもたらすように思います」というように，進学やキャリア形成に大きな影響を与えた例である。

4は，受賞者の母親による代筆であるが，ここからは興味深い視点が見えてくる。①家族の協力が必要不可欠であること，②その家族がどのような気持ちで学習者の興味や関心を支援しているかである。そして，3の場合と同様，進学に際して大きな影響があるといえよう。こうしたことにより，進路選択や職業選択において，回答者が効果を感じている様子がわかる。

5.7　社会人が感じる効果

現在社会人になっている人に対して，コンクールでの経験が，職業生活や社会生活において効果があるかを質問した。該当する社会人の回答者は14人と多くはないが，よく感じる3人，少し感じる9人となっており，85.7％の回答者が，効果を感じている。具体的にどのような面で効果を感じるのか。以下で自由記述の内容を引用する。

1　2002年受賞者
・レポートを書くことへの抵抗感はまったくなくなった。
・仕事のメールを作成するときに，比較的わかりやすい文章を書けていると思う。
・立場が違えば事実の見え方が変わるという，当たり前だけど忘れてしまいがちなことを身をもって学べた気がする。
・"自分の"意見を持つことの難しさを実感。

2　2005年受賞者
　私自身，何かを調べてまとめたり，文章を書くことは，元々好きなことだった。一つのことに没頭し，作品として仕上げた経験は，集中力，決断力，粘り強さを得られたと感じる。社会人となった今，集中して仕事をこなすこと，抱えた仕事にどの時点で切り上げ，優先するかの判断，難題に遭遇したときに諦めない粘り強さがあってこそ，会社の一員として仕事ができる喜びがある。
　日常において，調べることはあっても，まとめる作業はほとんどない。だが，この時に得たものは，今でも私の中で大きく成長するかぎとなった。

　2は，「レポートを書くことへの抵抗感がなくなった」「仕事のメールを作成するときに，比較的文章を書けていると思う」という2つから，コンクールで身につけた文章作成能力が社会に出て役立っている可能性が示唆される。また，「立場が違えば事実の見え方が変わる」という点は，複数の資料や文献を読むことで，多角的なものの見方において効果があったことがいえる。

　2は，「社会人となった今，集中して仕事をこなすこと，抱えた仕事にどの時点で切り上げ，優先するかの判断，難題に遭遇したときに諦めない粘り強さがあってこそ，会社の一員として仕事ができる喜びがある」とあるが，締め切りに向けてスケジュールを立てて書き上げ，難しいことがあっても粘り強く取り組みことが，社会人になって遭遇する場面で役立っているとの指摘は，測定しにくい部分なので貴重な証言であろう。

　このように，社会人になってからも，調べて書いたりする能力や，その他の心理的な側面で，何かしらの効果があることがいえるだろう。社会人数が増えたところで，再度経年調査をしてみると，全体像がより明らかになるかもしれない。

5.8 分析の結論と今後の課題

本章では,大きく分けて,①作品執筆のプロセス,②作品執筆後に感じた効果について検討してきた。以下では,①と②からそれぞれにいえることを概括したうえで,今回の分析から得られた知見をもとにして教育的効果をより体系的に論じるために,今回の調査の位置づけと限界,今後の課題を可能な限り述べて結論としたい。

①については,回答者のテーマは既存の教科の枠組みと関連性はもちながらも,自分の興味や関心に応じて,授業時間以外の時期(夏休みの自由研究,卒業研究)に,多様なメディアや第三者の協力を得ながら,作品を仕上げていることが明らかになった。

②については,小学生は理科系や社会科系,中学生,高校生は社会科系に取り組んだ結果,それぞれの関連教科科目に対して効果があることが示された。また教科に含められないスキル面には幅広く効果を感じていることが明らかになった。さらに,受験や進路選択についてもある一定の効果が見られ,とくに高校生だった回答者が受験に対する高い効果があることを回答していた。

結論として,コンクールの受賞者は,執筆およびコンクールへの参加を通して自分自身の興味や関心を発展させ,そのなかで図書館利用やさまざまな調査方法を用いることでスキル的な能力を獲得し,また,さまざまな情報を用いることで読解力や書く力を伸ばすことができたことがわかる。これは効果的に情報リテラシー能力[3]を身につけていることを意味する。また,ここでは直接質問していないが,おそらくは粘り強さ,知識獲得に対する意欲のような心理面の効果も重要である。小学生で理科を中心とした身近なテーマに取り組んでいたとしても用いる方法は科学的な方法だけでないし,中学生,高校生になると社会科系のテーマに変わっていくことは,このコンクールの特徴を示しているものといえる。

今回の調査は,現段階で調査対象として可能な回答者を抽出し,そのなかで調べる学習の背景,プロセス,回答者の調査を行うことから,効果を論じることが目的であった。気をつけなければならないのは,ここで指摘された効果が,

調べる学習に取り組みすぐれた作品を書いたことによる効果とそれが全国レベルで評価され表彰された効果とがミックスされているということである。逆にいえば，すぐれたものを書いてもそうした評価を受けなければそこまでの効果は現れなかったものと思われる。今回の調査対象にはなっていない，多くの未受賞者が感じている効果については検討していないので，そうした人々に対して，今後同様の調査ができれば，より体系的な評価につながるかもしれない。

第 6 章
探究学習に学校図書館を生かすために

　2011年度から小中高の順に完全実施になる新学習指導要領では，現代を知識基盤社会と呼び，そこで必要な能力を育成することを課題としている。そこでは，学校内でも教室に限らないあらゆる場面が学習の場であり，学校外も含めて学習者自らが学び知識を獲得し，他者と知識を交換し，外部にそれを発表したりする過程全体を重視している。主体的に獲得する知識を学校が終わってからも活かしていく生涯学習社会の到来は1990年代以来の課題であったが，ようやくそれを実現するための具体的な展望が開けてきたといえる。知識基盤社会を支える重要な要素としての学校図書館および公共図書館の役割もそこから導きだされる。

　「図書館を使った調べる学習コンクール」は，これを学習課題として明示化したことにより，学習者のみならず学校や教員にとっても探究学習を進めるための動機づけとなっている。現在は，学校や地域を挙げての指導体制をもつところが多くの入賞者をだしているが，こうしたところの指導のノウハウや運営のノウハウを全国的に普及させることで，知識基盤社会の実現に寄与することができるだろう。

　主体的な学習と言語的表現力を重視する，今次の学習指導要領の学力についての考え方からは，コンクールはそうした学力を身につけさせるのによい機会を提供しているし，そのような学力を評価する場として重要であると結論づけられる。コンクールはそうしたこれまであまり自覚されていなかった探究学習の意義を顕示化する効果をもっている。本章ではコンクールのあり方について，子どもたちの発達段階に応じた評価の必要性と評価基準の明確化，共同的な作品の評価，年少者の作品の評価，時間をかけた調査や研究，そして指導者による作品についての期待と課題を述べる。

　この調査を通じて，学校図書館の整備とそれが学習情報センターとして十全な機能を発揮するための職員の配置と学校カリキュラムにおける位置づけという課題の重要性が改めて明らかになった。学校図書館は，教育課程に適切な資料を提供する役割をもつにとどまらない。なによりも，そこに常駐する職員は，調べるための学

習資源やネット上あるいは学校外の学習資源の豊富な知識や検索技術をもち，学習者のテーマ選択や作品における議論展開についてのアドバイスを行い，また，教員に対しても調べる学習における積極的協力や教材作成のアドバイスを行う。こうした学校教育を支援するための専門知識をもった職員の配置は大きな課題である。これはコンクール以前の問題であるが，コンクールの実施を通じて実現していきたい。

本章では，以上の点を踏まえて，コンクールの分析と評価およびノウハウ普及のための環境づくりや課題などについて述べてみたい。

6.1 探究学習の今後

今次の学習指導要領のための報告書で中央教育審議会は，現代を知識基盤社会（Knowledge-based Society）と呼んでいる[1]。ここに今後10年の教育課程行政の基本が何であるかが端的に表明されているといえる。学習は知識の獲得を意味するが，獲得の過程は教師が一方的に講義し知識を授けるのではなく，学習者がその過程に積極的にあるいは主体的に関与することが重要である。これは，第1章で述べたような探究学習の特徴である。この過程を行う場は単に教室に限定されているのではなくて，教室外でも家庭でも地域でも学習者自らが学び知識を獲得したうえで，他者と知識を交換したり，自ら獲得した知識を外部に発表したりする過程を通して身につけることができる。こうした過程を社会全体のものとして引き受ける社会を知識基盤社会と呼ぶことにはいくつかの意味があるだろう。

第一に，そこでは知識は外部から授けられた受動的な知識ではなく，主体的に獲得する知識でなければならないことである。もちろん，認知のプロセスを考えれば，知識の獲得過程にはすでに確立された知識がわかりやすく学習者に提供される場面が基本になっていることは少なくない。習得，活用，探究といわれるように，知識を身につける基礎的な学習なしには，そのあとの活用や探究といった学習もない。だが，そういう学習の場面であっても，学習者の学ぶ目的や意欲が明確である主体的な学習することが何にも増して必要なことだということである。

第二に，21世紀を睨んでの文部科学省の仕掛けであった「生涯学習」は1990年代の教育改革における目標であったが，長期の不況に入りうまく作動しなかった政策課題である。知識基盤社会とは，社会のすべての人々が知識基盤になることを主張するものである。すでに戦後の団塊の世代が高齢者の仲間入りを始めている時代において，社会の中心にいて主体的な学習者であった人たちは，そこから十全に知識を取り出すことができると同時に自らが知識の案内人になったり，他の学習者への導き手となったりして生涯学習社会の担い手になっている。そのように年齢や職場，階層を越えて相互に学びあう社会の実現が課題になっている。

　第三に，学習成果を評価する機会が，学校の最終的な教育評価や上級学校への進学のための入学試験などに見られるペーパーテストによる時代は終わりを告げようとしていることである。もちろん，旧制帝国大学を中心とする一部の大学が日本の学歴社会の中心に存在していることは変わらず，そこではペーパーテストがほとんど唯一の公平で効果的な教育評価の方法であるとの態度を崩していない。だが，そこで計られる官僚（広義）あるいは技術者（広義）としての適正能力が日本にとって未だ必要であるとはしても，それが基準になって日本人の子どもたちの学力が議論される状況はすでに終わっている。

　必要なのは学ぶ意欲とその方法の吟味であり，社会に備わっている知識基盤そのものから学びまたその結果を基盤に返していくような仕組みがつくられ始めている兆候は，あちこちで見受けられる。学校が学ぶ場であり社会がその成果を利用する場という関係にとどまらず，社会そのものが知識基盤となり学校と社会の関係がより密になることを意味している。そこで重要になってくるのは，社会と学習過程を結びつける方法であり，また，両者を結びつける手段である。

　結びつける方法については，第1章で述べたように，新しい学習指導要領では総合的な学習の時間だけでなく，各教科にわたって学習者が自ら学んでいく方法が述べられている。基礎＝活用＝探究に至るプロセスが織り込まれているのである。また結びつける手段としては，学社連携と呼ばれる学校を取り巻く社会との関係で学習課程を展開することが行われている。PTA，公民館講座，

学校や社会教育のボランティア，博物館との連携（博学連携）にとどまらず，現在の地域社会は学習資源に満ちている。地域にあるあらゆるものが学習資源になりうる。

だが，何の変哲もない普通のものや人や情報を学習資源に変えるためには，学習の目的意識と資源管理の方法を工夫する必要がある。この点で，教員の多くは時間的，精神的な余裕を欠いている場合が多く，そのために期待されているのが図書館や博物館などの専門機関なのである。博物館は主題知識をもった学芸員がいて地域の博物館資料を収集・展示する過程を通して学習資源化をはかることができる。他方，学校図書館の学習情報センター化とは，学校司書，あるいは司書教諭を介して，学習者である子どもたちだけでなく教材や学習資源を探している教員と外部の情報資源を結びつける役割を果たすことをさす。また，公共図書館は学校支援によりこの過程を側面からサポートすることになるが，同時に学校後の生涯学習の基盤的施設としての重要性が期待されている。これらについては次節で詳しく述べる。

「図書館を使った調べる学習コンクール」はこのように用意されている種々の学習資源をうまく使用して学習活動を行うことを促進するものである。これは学習の動機づけの場を提供し，調べる方法を洗練させ，発表の場を与え，評価の一貫性を保証することができる。このようにして，現在の学習上の課題の一定部分を解決できるものと考えられる。

6.2 調べる学習の意義と学校図書館

「図書館を使った調べる学習コンクール」の意義について整理しておこう。

コンクールの出品先も学校コンクール，地域コンクール，全国コンクールと3つのレベルが用意されている袖ケ浦市のようなところの事例が典型ではあるが，実際にはそうでないところがほとんどであり，いきなり全国コンクールに出品することを前提に考えてみよう。

6.2.1 動機づけ

夏休みの自由研究として実施する例が多いようだが，自由研究は教科外の学習として通常は教育評価の対象とはならない。そのために外部に賞を出す団体

があることは学習者にとっては大きな励みになるだろう。子どもたちが課外で作成した作品には，絵画，書，工作，作文，読書感想文などほとんどのものについて賞があるからこの分野もそういう期待がある。「調べる学習」は，すでに述べたように新しいタイプの学習行為である。すでに自然科学研究や工作，発明などの理系的分野では探究学習を対象にした賞が存在した。このコンクールは，旺文社の全国学芸サイエンスコンクールと並んで，文系的な領域を併わせて子どもたちが探究や調査研究を通じて学んでいくプロセスを後押しする意義がある。旺文社のコンクールのサイエンスジャンルは小学4年生以上が対象であるから，小学生3年生以下も対象としているこのコンクールの役割は大きい。

　このコンクールがあることで，教員は調べることを通じて学ぶ方法を指導し，子どもたちはこれを自分のものとして実現することができる。

6.2.2　カリキュラム上の連携

　だが，夏休みの自由研究は教科外に位置づけられてきたこともあり，子どもたちに強い学びの動機づけがあるわけではない。夏休みに取り組むので，教員の目が届かない場合が多い。また仮に届いたとしても教員も探究学習の支援方法については試行錯誤の部分も多い。そういうことで，調べる学習を進めることは子どもにとっても教員にとっても簡単なことではない。

　実際，コンクールの入賞作の多くは，袖ケ浦市のように地域を挙げてコンクールに取り組んできたところや，山梨英和中学校や茨城の茗溪学園高校のように，学校の正規の課程に論文を書くことを位置づけてきたところから出ていることも事実である。これらのところでは，一定の指導体制をつくり，学校図書館の整備を進め，調べる学習を指導するための一定のノウハウを蓄積してきているので，それをもとにした高いレベルの指導が行われやすい。

　今後，このコンクールがよりいっそう広まるためには，これらのところが有している指導のノウハウを広く共有できるようにすることが重要であるが，その前に，指導体制と学校図書館の整備という2つの大きな要因についても確認しておくことが必要である。

　袖ケ浦市についてはすでに第3章で詳述したように，三段階の整備を進めて

きたといえる。まず，各学校と図書館・博物館の間の資料の配送を行うことにより，教材や学習資源へのアクセス体制をつくりだした。また，すべての学校図書館への読書指導員の配置についても実現している。これらをインフラとして，さらに踏みこんで学習資源を学校カリキュラム全体に位置づける手段として，このコンクールを位置づけてきた。

そのために，すべての学校で夏休み前の総合的な学習の時間に図書館を使って調べる方法の指導がある。このコンクールへの参加は子どもの学習に図書館が密接に関わっていることを示す証のようなものになっているので，多くの学校で子どもたちは自然に調べることをもとにした探究学習の方法を身につけている。

今回取材した清教学園中学・高校には，高校2年から3年にかけて「探究科」という名前の学校設置科目が置かれている。探究科を選択するのは，関西学院大学への進学を前提とした連携コースの生徒40名程度である。1年生で総合科目の言語技術などで準備を行ってから，2年生からテーマの選定，文献収集，フィールドワーク，文章の段階的な執筆を経て3年生の夏休みが終わった頃には最低4万字の論文が仕上がっている。現在，いくつかの大学の附属学校（関西学院高校，慶應義塾高校や同中等部，立教女学院など）のなかには進学の条件として同様の論文を課しているところがあり，また，大学附属でないところ（茗溪学園高校や渋谷学園幕張高校など）でも中等教育の総決算として論文を課すことで子どもたちの能力が向上するとしているところがある。公立高校においても神奈川県立神奈川総合高校や京都市立堀川高校のように，テーマ研究や探究基礎などの科目名で論文執筆を課している学校が増えている。

こういう学校の指導のノウハウおよびそうした学習がどのような学力の向上に結びついているのかについてもっと詳細に調査を行う必要があるだろう。

6.2.3　調べる方法

「図書館を使った」を文字どおり理解すれば，学校図書館あるいは公共図書館の整備が不可欠のものになる。このコンクールの「応募要領」の「調べる学習部門」のところには，「自分が興味を持ったテーマを，公共図書館や学校図書館を利用して調べ，見る，聞くなどの体験や，調査なども取り入れながら，

「どのように調べをすすめたか，またその結果自分は何が分かったか」をまとめてください」とある。つまり，「調べる学習」のためには図書館を利用して調べることは必須であり，これに体験や調査などを取り入れることができるということになっている。

　通常，調べる学習や探究学習という場合には観察，体験，調査，実験，インタビューといった知を探究する方法を中心にして，これを文献で補って学習結果としてまとめるというものになる。それに対して，このコンクールでは文献などの間接的に知を獲得する方法を前面に出して表現するものになっている。これは先に述べたように，子どもたちの主体的な学習と自分の考えを論理的に表現する言語的な過程を重視しているからで，子どもたちが直接の経験や観察などで知を得ることには限界があるから，文献を中心にする調べる学習を積極的に意義づけているのである。この点で，このコンクールは旺文社や学会が主催する知を直接的に探るものと異なる特徴がある。このように，文献で調べることと直接的な経験で調べることをうまく結びつけて表現することがこのコンクールで求められていることであり，新しい学習指導要領上も大きな意味があると考えられる。

　例えば，言語活動との関係である。小学校から高校までの段階で，社会科などにおける見学・観察やインタビュー，生活科や理科における観察や実験，音楽，美術や技術家庭などにおける作品制作や工作，数学における統計手法など，各教科において自分で知識を開拓する方法について学んだりすることはある。しかし，体系的に知識を獲得し論理的に記述する方法として総合的に学ぶ機会は多くはない。そういうことを行っているのは，卒業研究を課しているような一部の学校に限られている。

　そのために，調べる学習としては，いかに文献を上手に調べて，すでに一般的に知られていることを把握したうえで，具体的な場に合わせてその知識を追体験したり，それを使って新たな状況を予測したりといったことを行うことが求められる。これは第1章で述べたように，新しい学習指導要領において求められている教科を超えた言語活動の一環に位置づけられるものである。この言語活動とは，従来の国語科の範疇に入るものばかりではなく，言語を通した論

理的な表現やコミュニケーション力を養うことを含んでいる。PISA型読解力と呼ばれる，学習者が身につけた知識を自分のものとして表現したり応用したりする能力もここに入るものである。

調べる学習を進めるためには，単に調べた過程を順序よく記述するのではなく，全体が1つの作品としてあるいは1つの論文として説得力ある主張になるための論理展開力と文章力も試されることになる。このように，図書館を使った調べる学習は，従来の学習では十分に展開しにくかった部分に光を当てるものであり，これが展開されることによって言語活動に重点を置いた学習を進めることが可能になる。

しかしながら，これを効果的に実施するためにはさまざまな工夫が必要になるだろう。ここでは詳述しないが，次のような指導の過程が必要になる。

① 調べるテーマ選択の指導
② 文献調査やネット調査の指導
③ フィールド調査（観察，実験，体験等を含む）の指導
④ 文章表現や文章構成の指導
⑤ 文献引用や文献参照の指導
⑥ 口頭発表，プレゼンテーションの指導

これらは基本的にこの順序で展開するが，①〜④までは行きつ戻りつする。また，子どもたちが行うフィールド調査の指導体制については事前の準備と安全への対策など慎重な配慮が必要になる。

6.2.4 文献の利用，引用・参照

コンクールのタイトルにある「図書館を使った」の意味はさまざまに解釈されうるが，ここでは調べる際に文献的な根拠を明確にすることとしておく。図書館関係者は，この部分について重視し，本の分析的な読み方，文献検索の方法，図書館の利用の仕方，文献の引用法などに注意を傾けてきた。たしかにここが最大のポイントの1つではあったが，十分なノウハウの定着がみられるわけではない。この分野の解説書，教師用指導書も必要なものが十分に出版されている状況ではない[2]。

とはいえ，この部分は実は学術研究においても難しい問題を含んでいる。学

術的なオリジナリティを主張するためにいったいどの範囲の文献的な根拠に当たればよいのかという問題である。文学，歴史，法学など一次的な文献の読解に依存した学問と，それ以外の先行研究を探って研究水準を明らかにするために文献を用いる学問では基本的に異なるし，後者であってもどの範囲の文献に当たるべきかはその学問のもつ性質やコミュニティの範囲などに依存している。とはいえ，学術研究の場では先行研究を明示しつつ自らのオリジナリティを示すことは当然視されている。

これが，学習の一環として作品を書く際の根拠ということになるともっとわかりにくい。これは，かつては学習という行為そのものがすでに確立した知識を学ぶことであると了解され，一般にそういう知識は断りなしに使用してよいという理解が教育現場にあったからである。しかしながら，教育における知的財産権意識の高まりに応じて，著作物の利用について配慮が必要になっている。また，図書館を使った調べる学習は著作物となっている知識を利用しながら学習することであり，文献の引用や参照についての配慮がいっそう必要になっている。現行の著作権法では次のように規定されている。

32条1項
　公表された著作物は，引用して利用することができる。この場合において，その引用は，公正な慣行に合致するものであり，かつ，報道，批評，研究その他の引用の目的上正当な範囲内で行なわれるものでなければならない。

また，同法48条には著作物の出所を明示する必要がある場合として32条の引用による利用が挙げられている。文化庁の「著作権テキスト」によると，引用する場合の条件として次のものが挙げられている[3]。

　ア　既に公表されている著作物であること
　イ　「公正な慣行」に合致すること
　ウ　報道，批評，研究などの引用の目的上「正当な範囲内」であること
　エ　引用部分とそれ以外の部分の「主従関係」が明確であること
　オ　カギ括弧などにより「引用部分」が明確になっていること
　カ　引用を行う「必然性」があること

キ 「出所の明示」が必要（コピー以外はその慣行があるとき）

とくに，コンクールに出品して多くの人の目に晒す可能性があるものであるから，これらの点に十分に注意をしておかなければならない。このことは，調べる学習による作品はこれ自体が独立した著作物であり，その意味で知的な生産プロセスの一部に関わっていることを示している。これは，従来の教育課程が学術研究の成果を普及させることが重要な目的とされてきたことであったのに対するアンチテーゼとなっている。

6.2.5 図書館の整備

コンクールの目的の1つは，図書館を学習情報センターとして利用できる体制づくりを間接的に支援することにある。この場合の図書館としては，学校図書館と公共図書館のどちらか一方あるいは両方がありうるが，学校図書館法の趣旨や最近の子ども読書振興法に基づく子ども読書推進計画の考え方，また，新しい学習指導要領の考え方などから，すべての学校に備えつけられている学校図書館の学習情報センター化を進めることが望まれる。だが，学校の数は自治体数の20倍以上あるから，すべての学校で学習情報センター化を進めることが困難な場合もあるだろう。そうした自治体では，教育委員会の方針に基づき，公共図書館の学校図書館支援機能を強化することで対応することも次善の策として採用されることになる。

調べる学習を支える学習情報センターの教職員は，これまでの図書館の仕事に加えて次のような仕事が必要となる。

① 従来の学習指導要領の範囲の資料にとどまらない広い範囲の資料の収集・選択が必要である。また市販の図書や新聞，雑誌，AV資料などを備えつけるだけではなく，不定形の資料や情報を学習資源化する仕事を担う。具体的には，学習単元や調べるテーマなどによって，新聞や雑誌の切り抜き，ネット上の検索，専門的な資料の収集，地域の公共図書館からの相互貸借による借り受け，地域の関係団体や関係者への連絡などが必要になる。

② 上記の調べる学習の指導（p.120），とくに①のテーマ選定，②の文献調査やネット調査の指導，⑤の文献引用や文献参照の指導に関して専門的な立場からの支援を行う。場合によってはチームティーチングを行うことも

ある。また，休憩時間や放課後における児童生徒の個別の相談や質問について対応することも重要な仕事である。
③ これらの仕事をするためには，個々の教員が行う教育課程と密接な関係を保つ必要がある。つまり教員と連絡をとって，各教科の学習単元ごとに学習情報センターとしての支援業務が必要なものがないかどうかを把握することである。これは教員のための専門的な情報支援サービスを提供することである。

以上の仕事が可能になって初めて学校図書館は，「図書館を使った調べる学習」に対応することができることになる。逆にいえば，学校現場，それも教室の学習現場から離れている公共図書館ではこうした仕事はかなり限定的にしかできないことがわかるだろう。

6.2.6 司書教諭の役割と司書の配置

最後にこれらの仕事は誰が行うのかという問題であるが，法的には司書教諭が任命されていれば司書教諭が担当すべき職務である。学校カリキュラムに沿った仕事を行うわけであるから教育職である必要があるし，教育課程との関係から外部から見えないが学習資源を準備する仕事がたくさん存在しているから常勤職であることが必要である。とすれば，専任司書教諭がこれを担当することが求められる。しかしながら，一部の先進的な私立学校を除くと，司書教諭が任命されていてもほとんどの場合，これまでの図書主任と同等の授業時数軽減措置のない図書館担当の兼任教員という扱いでしかない状況が多い。この問題は学校図書館に関わる最大の問題であり，一朝一夕に解決はできない[4]。他方，こうした仕事は，教員がほかの仕事の片手間に担当できるほど軽いものではないという認識にたった場合の解決策として選択されてきたのが，図書館を担当する職員（学校司書）の配置である。

通称「学校司書」の実態はさまざまである。都道府県では多くの県立高校に専任司書が配置になっているところがあるが，今後，それが継続される保証はない状況である。また，公立高校でこれまで探究学習が積極的に進められてきたところは少なく，多くの場合，読書センターとしての機能にとどまるところが多かった。義務教育の場合には，PTAが無資格職員を雇用するケースや自

治体採用でも複数校を兼務するなど，学習支援を行うのに障害があるケースが多く，岡山県岡山市，東京都荒川区，千葉県市川市，袖ケ浦市などで採用されているように，自治体が市内の各学校に非常勤の読書支援員や学校図書館指導員として配置しているのはよいほうのケースである。

したがって，このコンクールの意義が広い範囲で受け入れられ，普及することによって，最終的には，学校図書館の重要性とそこに専任の専門的職員（もちろん司書教諭のほうがなおよい）を配置する効果が理解されることが期待できる。これは日本の学校の教育課程の変容を促し，子どもたちの学びの主体性を保証し言語力を涵養し，最終的に「学力」の向上に資することになる。

6.3 今後の課題

最後に，コンクールの趣旨を踏まえて，これをどのようにすればうまく使えるか，また，それ自体がよくなるかに関していくつかの課題を指摘したい。

6.3.1 総合的な学習の時間・探究学習・自由研究の指導体制

これまでの学習指導要領における総合的な学習の時間については方法が確立されておらず，教員は準備の時間があまりとれないなかで，それぞれが試行錯誤しながら実施してきた。その反省に立って，新しい学習指導要領では焦点が明確になり，言語活動を重視することも相まって，子どもたちが自ら課題を設定しながら発展的な学習を行うことを重視している。ただ総合的な学習の時間や教科学習ではこれを作品や論文として文章にまとめることまでは明示していない。

コンクールの準備は，ほとんどの学校において夏休みの自由研究として行われる。自由研究を行うためのガイドブックやホームページもあるようだが，これに，教育課程としてきちんと取り組むためには，地域あるいは学校で一定の配慮が必要である。袖ケ浦市は，この方面の実践で次のようなモデルを提示しているので十分に参考できると思われる。

① 準備段階の指導については総合的な学習の時間に組み込む。
② 学校単位あるいは地域（教育委員会）単位で指導マニュアルを作成しすべての教員が指導できるようにする。

③ 学校単位あるいは地域単位で子どものための調べる学習（探究学習）ガイドブックを作成する。
④ 学校図書館に専任の職員を配置し，調べる学習に対応できるようにする。また，夏休みの開館についても検討する。
⑤ （可能であれば）学級単位，学校単位，地域単位での審査体制およびプレゼンテーション，作品展示の機会をつくる。

これらの一連の過程が学校や地域で整備されることで全国的なコンクールのレベルが上がるものと考えられる。主催団体には，そのためのガイドブックの刊行，研修会の開催，『あうる』やホームページなどによる広報など，いっそうの啓発活動の推進が望まれる。

6.3.2　全国コンクールと地域サポートとの関係

全国コンクールにはすぐれた作品が集まってくる。例えば，2006年度の文部大臣奨励賞を受賞した白石惠美さん（当時茗溪学園高校3年）の「「中国残留孤児」帰国者の人権擁護：国家という集団と個人の人権」は，その後2008年に同タイトルで民間の出版社から出版された[5]。これは，大学進学後に病気で急逝した著者の親御さんの働きかけもあったのだろうが，それ以上に，この作品が社会問題に対して真摯に取り組み質の高い学術論文にまとめられたという評価を受けて出版に値すると判断されたことによる。これに限らず，入賞するような子どもたちの作品のなかには大人顔負けの内容をもったものがある。こうした作品の発掘がコンクールの成果であることはいうまでもない。

だが，全国コンクールの入賞作品ばかりみていると道を誤るかもしれない。重要なのはそのような氷山の一角ばかりではなく，ごく普通の子どもたちが取り組む調べる学習がどのような教育的な効果をもつのかに注意をはらうことであろう。

2010年に袖ケ浦市の小学校4年生吉岡諒人くんが夏休みの自由研究で行った昆虫に関する発見が日本昆虫協会の夏休み昆虫研究大賞を受賞したということが報道された[6]。このような生物学的な分野では，子どもたちでも新発見をすることがあることを示している。この作品は本コンクールの地域コンクールに応募されていないということだが，袖ケ浦市ではたくさんある夏休みの自由な

活動を対象にしたコンクール（読書感想文，作文，絵画，工作，理科研究など）とこのコンクールは相互に分担しながら，全体として教科外の多様な教育課程を振興する側面支援を行っていると考えられる。1947年の学習指導要領（試案）で自由研究とされていた領域は，その後特別活動として継続されたと考えられるが，このコンクールもそうした課程に密接に関わっているわけである。このことも袖ケ浦市が市を挙げて自由研究への支援に取り組んだ結果であり，コンクールの存在がきっかけの1つになっていると考えてよいだろう。

このように，地域コンクール（そして願わくば学校コンクール，教室コンクール）こそ教育的な場になりうるものである。コンクール事務局では地域コンクールを推奨しているが，現在，それは特定の都道府県や地域でしか開催されていない。これがより広い範囲に普及することは，今後の探究学習の全国普及と密接な関係をもっている。事務局にはこの方面のいっそうの働きかけを期待したい。

6.3.3 コンクールと作品の在り方

何度か述べてきたように，調べる学習の成果は子どもたちの作品あるいは論文とみなすべきである。総合的な学習の時間は新学習指導要領では時間数を減少させることになっているが，その分，探究学習的な側面を強調することになる。また，夏休みの課題で仕上げてくる作品は教科外の特別活動の一環とされる。

総合的な学習の時間は通常の教科のような評価をともなわないし，また，その成果が子どもたちにとってどのような力となっているのかについてはよくわかっていない。だからこそ，コンクールのような評価の場が重要になってくる。つまり，評価基準が不明確な探究学習の成果について，次のような意味で可視化する役割がある。

第一に，コンクールはどうしても上位入賞作品に目が行ってしまい，制作のプロセスや評価のプロセスの重要さが見落とされやすい。制作プロセスとして重要なことの1つは，言語表現の作品であるので子どもの認知的成長段階と密接な関わりをもっていることに十分な注意が必要だということである。作品としての良し悪しとそれぞれの成長段階における表現としての良し悪しは，必ず

しも一致するわけではない。小学校低学年においては，絵や写真を多用する作品が多いことが1つの特徴であるが，言語的表現を補うさまざまな工夫も含めて評価する必要がある。

　第二に，共同的な作品をどのように評価するかということである。現在のコンクールでの上位入賞作品は個人作品がほとんどであるのは，夏休みに個人ベースで行わる自由研究の成果が応募されることが多いからだろう。だが，グループで行われる共同研究の成果が応募されることを積極的に評価したい。それは，総合的な学習の時間や通常の教科学習においてはグループを単位とした学習が行われるのは一般的であるからである。このような探究学習のようなものこそ，共同的な学習に向いているものはない。今後，そうしたものが多く応募されることを期待したい。

　第三に，年少者の作品をどう考えるかということがある。学習指導要領上は小学校入学後に文字の読み書きを学ぶわけだから，小学校低学年のうちに図書館を使った調べる学習を単独で行うことは困難である。実際，夏休み期間に取り組まれることもあり，小学校の低学年や中学年の児童の作品制作には親が手助けする場合が少なくないことはよく知られている。事務局ではそのこともあって，大人と子どもの共同作品の部を設けているが，ここへの応募は多くない。だからここは思い切って，小学校低学年，中学年については親の関与も前提とすることを認めて共同作品の部と一体化したらどうだろうか。

　第四に，計画的でじっくりと時間をかけた調査や研究が応募されることも期待したいことの1つである。卒業研究のように1年以上の時間をかけての作品が応募されることもあるが，多くは夏休みに1カ月程度でまとめることが要求される。しかしながら，個々の教科，総合的な学習の時間，特別活動を年間スケジュールのもとに組み合わせて調べる学習を展開すれば，じっくりと時間をかけて指導できることになる。上位入賞者を出している学校の多くはそのような方法を用いている。

　第五に，こうした学習の指導にあたる人々の応募への期待である。第2章で見たように，そうした作品の数が少ないのはきわめて残念なことである。教育委員会，学校の教員，学校図書館，公共図書館などで調べる学習の指導やアド

バイスに携わっている人たちは多数いるはずなので，指導のノウハウを交換するという意味でも多数の作品が寄せられることを期待したい。

6.3.4　学力評価と調べる学習の意義

既存の学力概念と調べる学習コンクールとの関係について，第3章の袖ケ浦市の事例も交えて考えてみよう。第5章で分析したように，コンクールの入賞者が作品執筆体験や受賞体験をポジティブに捉えていることは確かで，そのなかには教科の学力向上や受験に役立ったという意見も少なからず存在している。しかしながら，これらの因果関係が曖昧であることも確かである。また，第3章において示した袖ケ浦市の教員や学校関係者へのインタビューでも学力との関係について聞いていたが，一貫した回答は得られなかった。ただし，第4章，第5章で述べたように，全国コンクールで入賞する力をもった学習者は調べるためのテーマ設定力や作品としてまとめるための構成力，そして資料を活用する能力のようなものが身につけられていることは確かであり，これらが従来の意味での学力とどのように関わっているのかが問われている。

学力についての定義は必ずしも定まっていないし，時代によって変化していることも確かである。第1章で述べたように，学習指導要領の変化はそうした社会背景を反映しているのだといえよう。ここでは新学習指導要領で重視している考え方からすれば，コンクールは新しい学力観に基づいた能力を身につけさせるのによい機会を提供しているというにとどめておきたい。これまでも何度か触れたように，コンクールはそうした試験の点数などで現れにくい能力の評価を行う場，それらを可視化する場として機能しているといえる。今後は，これまで対立的に扱ってこられた2つの学力観であるが，それらが相互依存的であることを示すことが課題である[7]。

最後に，このことを考えるうえで興味深い研究を紹介しておきたい。東京大学教育学部附属中等教育学校は以前から卒業研究を全員に課している学校であるが，ここの学習成果を卒業生へのアンケート調査を通じて評価する試みが行われたことがある。そのなかで，卒業研究（調査のなかでは特別学習と呼んでいる）の取組みが教科の成績や入った大学のランク，さらに職業的なステイタスとどのような関係になっているかの検討が行われている。調査結果によると，

卒業研究で熱心に取り組んだことは入った大学の偏差値の高さと直接結びつく結果にはなっていないが，大学での卒論執筆の充実度などを通じて社会人になってから必要とされる知的スキルや能力（レポートを書いたり，発表したりする能力）につながっていることが明らかにされている[8]。

このことは，現在の習得型学習の成果を試す大学受験状況からすれば十分に考えられるものである。このような探究型の学習の成果は短期的に現れるのではなく，かなりの時間をおいて長期的に評価しなければならないことを示している。

6.3.5 学校図書館専門職員の配置

学校に図書館専門職を配置することは学校図書館法ができた1950年代からの課題であったが，それを実現するための外的な条件が整わずにきた。部屋と資料さえあれば専門職員がいなくとも学校図書館は成立するという考え方は，理科教諭のいない理科室あるいは養護教諭のいない保健室のようなものであり，その状況が60年近く続いていたのである。これまで述べたように，21世紀も10年が過ぎてようやくこれを整える条件が少しずつ整ってきたのである。この機会は生かすべきである。

2010年5月に文部科学省が行った「学校図書館の現状に関する調査」によると，12学級以上の学校における司書教諭の発令状況は小学校で99.3％，中学校98.2％，高等学校で94.4％と2003年に施行された改正学校図書館法の規定はほぼ順守されている。全体的にも小学校で62.7％，中学校で59.3％，高等学校81.0％と，以前に比べればかなりの割合の学校に司書教諭がいることになっている[9]。

しかしながら，問題は司書教諭が形式的にいるだけのところが多いということである。同じ調査によると，司書教諭の授業時数を軽減している学校の割合は12学級以上の学校で全体の8.2％，11学級以下の学校で9.1％ということである。また軽減されているところでも1カ月に軽減されている時間数は平均で12学級以上の学校で1.3時間，11学級以下の学校で1.5時間にすぎない。月に1.5時間でできることにはかなり限りがあるといわざるをえない。

さらに問題なのは，司書教諭になるための要件である。司書教諭になるには，

現在は教員免許状に加えて10単位分の講習を受けるか大学で同じ単位数の専門科目の履修が必要であるが，中高の教科教員になるのに，共通の教職に関する科目に加えて，教科別の科目として最低20単位が要求されているのに比べても少ない。だがもっと問題なのは，学校図書館法改正の1997年以前には，学校図書館を担当した経験のある現職教員には最低「図書の整理」1科目2単位の講習で資格をとれるという代替措置があったということである。現在の有資格者のかなりの割合がそれで司書教諭となっている。つまり現在の司書教諭は十分な教育を受けることなく資格をとり，また，実際に配置されてもその仕事を行うだけの時間的余裕もないままに，かたちだけ置かれている例が多いということである。

この状態を補う措置として置かれたのが，文部科学省用語で「学校図書館担当職員」，通称学校司書である。学校図書館法成立後，司書教諭が法的に配置されないままの状態が続いていたが，図書館は現実に設置され資料が入ってくるし，児童生徒の利用もあるから，何らかの人的措置が必要になった。それで配置されたのが学校司書である。その雇用に関してはさまざまなかたちがあった。前にも述べたように，県立高校では常勤職員というかたちで配置している例が多い。それも司書資格を前提条件にしている例も少なくない。だが，これはよいほうで，教育委員会によって，正規職の事務職として配置したり実習助手という教育職の身分で配置したり，また，非常勤職員という雇用形式だったりして一貫していないし，必ずしも安定したものではない。

先ほどの文部科学省の調査によると，2010年5月段階での学校図書館担当職員の配置率は小学校で44.8％。中学校で46.2％，高校で69.4％である。配置している学校のうち常勤職員を配置している学校は小学校で9.6％，中学校で12.7％，高校で58.5％である。高校では4割の学校に常勤職員が配されているが，小中では5％前後の状況である。第3章で取り上げた袖ケ浦市の全小中学校に配置されている読書指導員（学校司書）も，すべて非常勤職員である。

以上をまとめてみると，日本の学校図書館を支える職員体制は，高校および一部の私立学校などを除くと，専門性が十分でなく職務体制が整っていない司書教諭と待遇が十分でなくその意味で専門性も確保しにくい学校司書の組み合

わせによって成り立っている。これでも，学校図書館法改正と子どもの読書活動の推進に関する法律による取組みで改善されてはいるのである。職員問題は積年の課題だがまだ解決される糸口は見いだされていない。

　では，この状況で探究学習を支援することはできないのかというとそんなことはないだろう。袖ケ浦市の例をみてみると，全校で司書教諭を発令し読書指導員を雇用している点はほかに比べて恵まれているが，専任職員が配置されているわけではない。限られた人員のなかで学校図書館支援センターに非常勤職員を1名配置していることに加えて，探究学習に対応するための実施計画をもち，司書教諭と読書指導員に対する十分な研修を行うことによって成果を上げているといえるだろう。重要なのは，教育委員会の一定の施策のもとに，明確な目的意識と企画力および実行力をもつことなのである。

　学校図書館法にある「学校の教育課程の展開に寄与する」という文言はこれまでないがしろにされてきた。探究学習への対応は学校図書館にとってその真価を示すための最良の機会である。その対応ができて初めて専門職員の本格的配置という次の課題の可能性が見えてくるものと思われる。

注　記

第 1 章
1 ）小林恵『「学習指導要領」の現在』学文社，2007. を参照した。
2 ）寺岡英男「学力論の批判的検討と学びの改革」『福井大学教育地域科学部紀要』　第Ⅳ部，教育科学 58. 2002, p.9.
3 ）「調べ学習」をタイトルに入れている本のなかでは，次の著書が教育課程を視野に入れた議論を行っている。大串夏身編著『学習指導・調べ学習と学校図書館』改訂版　青弓社，2009.
4 ）荒瀬克己『奇跡と呼ばれた学校：国公立大合格者30倍のひみつ』朝日新聞社，2007.
5 ）「探究型学習」をタイトルにする教育学系の著書は多くない。浅沼茂編『「探究型」学習をどう進めるか：学習の創造的発展と問題解決力の育成』（教育開発研究所，2008）くらいだが，この著書では図書館を使った学習についてはほとんど触れられていない。

第 2 章
1 ）地域コンクールについては，図書館の学校のHPに開催方法の詳細な案内ページがある。
　　http://www.toshokan.or.jp/shirabe-sp/tiiki/index.html
2 ）宇美町立宇美南中学校「平成22年度学校経営の重点構想図」
　　www.umi.ed.jp/umiminami_j/koutyou/kousou.pdf

第 3 章
1 ）袖ケ浦市史編さん委員会編『袖ケ浦市史. 通史編 3 　近現代』袖ケ浦市，2000, p.307.
2 ）袖ケ浦市史編さん委員会編『袖ケ浦市史. 通史編 3 　近現代』袖ケ浦市，2000, p.357.
3 ）2009年11月16日教育委員会主幹の鴨田道雄氏へのインタビューより
4 ）千葉県袖ケ浦市教育委員会『袖ケ浦市の読書教育』2007, p.19.
5 ）千葉県袖ケ浦市教育委員会『袖ケ浦市の読書教育』2007, はじめに.
6 ）2009年11月16日教育委員会主幹の鴨田道雄氏へのインタビューより
7 ）「袖ケ浦市の読書構築～人・もの・情報のネットワークの構築～」パンフレットの表を修正・補完
8 ）2010年10月23日市コンクール受賞作品の展示・発表会で学校図書館支援センタースタッフの中村伸子氏へのインタビューより
9 ）2010年 8 月19日長浦おかのうえ図書館長吉野和彦氏へのインタビューより
10）2010年 6 月 3 日奈良輪小学校司書教諭の星野ひろみ氏へのインタビューより
11）袖ケ浦市子ども読書の街事務局『「子ども読書の街」への取り組み』袖ケ浦市教育委員会，2009, p.24.
12）2010年 6 月 3 日奈良輪小学校校長室でのインタビュー，学校図書館支援センターの中村

伸子氏より
13) 2010年6月3日奈良輪小学校校長の森正一氏へのインタビューより
14) 2010年6月3日蔵波中学校校長の小堀正雄氏へのインタビューより
15) 2010年6月3日蔵波中学校司書教諭の小澤典子氏へのインタビューより
16) 2010年6月3日奈良輪小学校司書教諭の星野ひろみ氏へのインタビューより

第4章
1) 野村愛子「教育と学校図書館」桑田てるみ編著『思考力の鍛え方 学校図書館とつくる新しい「ことば」の授業』学校図書館とことばの教育研究会，2010，pp.26-27．
2) 根本彰 "学校図書館の重要性を示唆する新指導要領"『学校図書館』no.693，2008，pp.15-18．
3) 松田ユリ子ほか 「現行学習指導要領における探究型学習の現状分析―学校図書館とのかかわりから―」東京大学大学院教育学研究科附属学校教育高度化センター，2009，pp.1-47．
4) 河西由美子ほか "学校図書館活用を促す教員向け探究型学習パッケージ開発の研究"『第57回日本図書館情報学会研究大会発表要綱』2009，pp.77-80．
5) 作品の審査基準について，詳細は，巻末の資料1「審査部長に対するインタビュー」を参照．
6) 清教学園中学校総合学習委員会「卒業研究の手引き　総合的な学習の時間テキスト」2010，pp.24-27．ここでは，要注意のテーマとして「心理学・性格・夢」「オカルト・疑似科学」「キャラクター・タレント」などが，要注意の方針として「大きすぎるテーマ」「小さすぎるテーマ」「How to（ハウツー）もののテーマ」などが，挙げられている．
7) 作品のなかには，動機が複数書かれているものもあったが，それらについては同時に複数のカテゴリーを付与した．
8) NPO法人図書館の学校「特集 調べるテーマをさがす」『あうる』no.82，2008．
ここで挙げられていたカテゴリーに加えて，いくつかのカテゴリーは独自に作成した．
9) 書誌事項が未記入のものについては，NDL-OPACなどを利用して適宜追加した．

第5章
1) 総務省『平成18年事業所・企業統計調査産業分類一覧』
http://www.stat.go.jp/data/jigyou/2006/bunrui.htm
2) 内閣府の「第5回情報化社会と青少年に関する意識調査について」による調査では，インターネットの利用率は，次のように発表されている．小学生（N＝319）58.3％，中学生（N＝451）68.7％，高校生（N＝396）74.5％である．学年が上がるにつれて，インターネットの利用率が上昇する背景には，情報教育の影響もあるだろう．
http://www8.cao.go.jp/youth/kenkyu/jouhou5/g.pdf
3) ここでいう情報リテラシー能力とは，図書館に限らず，図書館以外のところで入手した情報も対象としている．この点を野末俊比古は，次のように説明している．「情報リテラシーとは，「図書館」に限らず，広く「情報」にかかわる能力であり，また，情報の「探索・収集」だけでなく，「整理・分析」や「表現・発信」をめぐる知識・技能が含まれる」（日本図書館協会　図書館利用教育委員会編『情報リテラシー教育の実践　すべ

ての図書館で利用教育を』日本図書館協会，2010. p.14.)

第6章
1) 文部科学省中央教育審議会「幼稚園，小学校，中学校，高等学校及び特別支援学校の学習指導要領等の改善について（答申）」2008年1月17日
2) 大串夏身編著『学習指導・調べ学習と学校図書館』青弓社，2009など
3) 文化庁長官官房著作権課『著作権テキスト～初めて学ぶ人のために』平成22年度 p.71. http://www.bunka.go.jp/chosakuken/pdf/chosaku_text_100628.pdf
4) 根本彰「学校図書館における「人」の問題：教育改革における学校図書館の位置づけの検討を通して」日本図書館情報学会研究委員会編『学校図書館メディアセンター論の構築に向けて』勉誠出版，2005, pp.19-43.
5) 白石惠美『「中国残留孤児」帰国者の人権擁護:国家という集団と個人の人権』明石書店，2008.
6) 「アリジゴクおしっこする 小4生が通説覆す発見」『朝日新聞』 2010年10月9日付
7) 第一章の注4）に挙げた資料によると，何度か言及した京都市立堀川高校が，探究型学習の導入と大学受験の成果向上を両立させていると報告されている。このことについては，カリキュラムの前半で探究型学習を行い後半では習得型学習を重点にするという「工夫」をしていることに加えて，学区の見直しなど制度的改革等が行われことの相乗的効果によるものと考えられる。
8) 苅谷剛彦「東大附属で学んだことの意味」 東京大学教育学部附属中等教育学校編『学び合いで育つ未来への学力』明石書店，2008. pp.164-177. 苅谷剛彦ほか「知能・学力・職業キャリア―中高一貫校卒業生データから」『日本教育社会学会大会発表要旨集録』58, 2006. pp.361-366.
9) 文部科学省「平成22年度「学校図書館の現状に関する調査」の結果について」 http://www.mext.go.jp/b_menu/houdou/23/06/1306743.htm

資料1　審査部長に対するインタビュー記録

最終審査会後の部長に対するインタビュー
2010年1月9日（土）午後4時40分～5時35分

Ⅰ　小学生の部，部長インタビュー

話し手：小学生の部，部長インタビュー
　蔵元和子氏（文教大学非常勤講師，読書活動研究家）
　今村正樹氏（偕成社社長）
　矢口英明氏（東京都教職員研修センター東京教師道場教授）

　［審査基準について］
蔵元：
　審査基準（図書館の利用，テーマ，資料活用，出典，プロセス（目的），自分の考えを出しているかなど）は学年としての発達段階に応じて適用することが必要です。低学年の場合は，具体物を観察したり実験したりすることを元にして資料と付き合わせることを行うのがふつうです。ただし，資料や情報の操作については子どもによってまちまちで　あまり重視していません。「テーマ」の選定は重要で，ただ好きだからということだけではなく，疑問を明確にすることができているかどうかが問われます。
矢口：
　高学年になると論理的になります。疑問→仮説→検証→疑問のよい流れがあるものがよい作品と言えます。かつては総花的なものが多かったが，最近は進展が見られるようになっています。
今村：
　その意味では，中学年は中間的です。何を調べたかったかはっきりしないものがときどきあります。また，最初から資料で調べられることを予測してその範囲で仮説を立てるようなものもありますが，それではうまくいきません。やりたいことのオリジナリティが問われています。
　3～4年で仮説が立てられるかどうかですが，自分の関心の範囲で疑問をもち仮説が立てられることが重要で，仮説は最終的に必ずしも検証されなくともよいと思います。プロセスが大事です。日本の学校教育の場は正解を求めることがありすぎると感じます。

蔵元：
　低学年では仮説は立てられないが，予想することはできます。自分の目で見て，「考える」過程を重視します。情報が溢れている社会において自分の頭で考えられるようにすることが大事です。
矢口：
　高学年になると仮説を立てられるようになります。その際に大切なのは，どのように絞り込みするかということです。最近，自分の身体への着目が増えていますが，身近なところから出発して，いかに問いを立てることができるかですね。

[「図書館を使った」について]

矢口：
　それぞれの学校における図書館の整備状況が影響しています。図書館が情報センターとなり，資料とネット情報を使い分けることが必要です。
蔵元：
　低学年の場合は，日常的な活動範囲が狭く，公立図書館も身近にあるとも限りません。学校図書館は学校によって差が大きい。
今村：
　インターネットの無批判な使用はぜひとも排除したいところです。評価する際には，社会的な合意があるような資料を使っているかどうかがポイントになると思います。
　コンクール名にある「図書館を使った」とは，公共的な情報源を使うことの象徴的な表現だと考えています。
蔵元：
　低学年ではネットは使いません。子どもたちはふつう本に行きます。本に魅力があるのだからこの時期にできるだけこの魅力にひたってほしいと思います。
矢口：
　コンクールは疑問を自分で調べる学習の重要さを訴えています。応募がある学校は一部にすぎないので，こういう学習が全国の学校でどのように位置づけられているのかが問われています。気になるのは，学校での関心が，「総合的な学習の時間」から小学校で必修となる外国語活動に移っていることです。
蔵元：
　教員の意識改革がないと状況は変わらないと思います。自分で疑問をもって解決するというのは，教育方法の問題です。たとえば，国語の単元のなかでレポートの書き方などが入っていますが，なかなか調べ学習につながっていません。全体として，公共図書館に調べ学習が丸投げされている状況があります。
　学校の取り組みが十分につくられていません。小学校は担任制だから国語と理科や社会をつなげることができやすいのですが，それでも一部でしかないでしょう。

中学校は修学旅行に逃げていると思います。
矢口：
　安易に調べ学習をする方法として「自由研究サイト」が使われていることは確かです。調べる学習は方法であり、それについて各学校がどのような理念をもてるのかが大事です。残念なのは、書くことそのものが自己目的化するところです。
蔵元：
　そういうサイトではワークシートが用意してあって、記入していくだけで調べ学習が実現できるものもあります。「さくさく学習」というらしいです。
　学習指導要領において多様な学習方法が導入され、教科以外の環境教育とか国際理解教育とかさまざまな教育が唱えられるなかで、教員のあいだに迷いがあることは確かですが、救いは、調べ学習の理念、方法について賛成する教員がほとんどであるということですね。

[指導者の育成について]

蔵元：
　私は中野区で、かなり早い時期から主体的な学習の重要性を意識し、何でもよいから調べるという方法での学習をやらせていました。しかし、総合的学習が入って、かえって主体的な学習が損なわれているのではないかという気がしています。総合学習をどのように行うのかという議論や試行に振り回されて、個々の教員がどうしてよいか分からない状態になっているのではないでしょうか。
今村：
　総合的な学習の時間が学習指導要領に入っても、そのための教員の育成はなかったのではないでしょうか。全体に調べ学習を指導できる教員のトレーニングが不足しています。
蔵元：
　国語教育の研究者から「国語で調べ学習など必要ないのではないか」と聞かれたことがあります。国語教育の中では昔のものに戻りつつあるのではないかと考えられることがあります。国語教育学会などにそういう傾向があります。
矢口：
　最近は教科研修への関心がずっと強まっている傾向があります。総合的な学習の時間そのものは今後とも大事にしていきたいと思っています。

[効果について]

蔵元：
　私は、小学校の現場に27年間いました。新卒時代に川喜田二郎『発想法』（ＫＪ法）、梅棹忠夫『知的生産の技術』がでて、カードを使った学習を実践したことが出発点になっています。

調べ学習をやらせてみて，卒業生に成長の跡があると思います。私が観察した中では，中学の受験詰めこみ学習にあっても自分なりの勉強方法を工夫でき，高校に入るときの成績がよいということがあります。調べ学習は学力にプラスに働いていると思います。

これがどこからきているかですが，やはり，学習に主体性とやる気をもたせることができることが働いていると思います。6年生でミニの調べ学習をやらせる。教科書にも資料集にもないことを調べさせる。たとえば，音楽での調べ学習ですが，ある教師の実践でわらべ歌を調べさせ，それをもとに作曲をさせ，楽器演奏をする。このやりかたの方が演奏技術も伸びたという報告がありました。常に「はてな」をもたせることです。これが受験にも結びつきます。

矢口：

調べ学習において子どもたちは楽しんでいます。学ぶ喜びをもつ学習はなかなか他にないということです。卒業生から，卒論テーマに悩まないと聞いたことがあります。

今村：

個人的なことですが，30年前にアメリカに留学しペーパーの書き方を学びました。調べる学習によって「自分の言いたいことを自信をもって発言する」ような日本の教育で一番欠けていることを学べるはずです。この学習方法が今後も継続して学校教育の中で評価され続けて欲しいと思います。

蔵元：

ちなみに私は戦後コアカリキュラムで学んだごく少数の世代の一人です。お店屋さんごっこや新聞づくりしか覚えていないが，それはいろんなベースになっています。

Ⅱ 中学生・高校生の部，部長インタビュー

中学生の部　坂元昂氏（日本教育工学振興会会長，東京未来大学学長）
高校生の部　高鷲忠美氏（八洲学園大学教授・付属図書館長）

[審査基準について]

坂元：

基本的には規定の審査基準（図書館の利用，テーマ，資料活用，出典，プロセス（目的），自分の考えを出しているか）に基づいて評価しています。全体の印象で決めることも少なくありません。文献やネットからの引用や，写真，図の引用形式も問題になることがあります。これは，いい作品は公表され，ある種のお手本のよう

になるので，学校教育に影響を及ぼすためです。

みるときに作品の内容そのものと，作成プロセス（一つ一つ疑問を解いていくドキュメンタリー的なものもあります）の2つを見ます。今後は，作品の装丁についても議論になると思います。全体的に，学校の先生には，句読点や文章論理などの形式面の基本的な指導をしっかりしてほしいと思います。

高鷲：

坂元先生のおはなしに付け加えるとすれば，著作権に違反していないかどうかはなかなか分かりにくいものですが，基本的なことであり重要なチェックポイントです。また，書いている人が楽しんでまとめているかどうかは読み手に伝わってきます。単なる文献から引用したものを並べるのではなく，資料収集から分析に至るまでを自分の言葉でまとめてほしいと思います。

［審査における「図書館の使用」の要素］

坂元：

現在，ウェブ利用や博物館訪問など，作品を仕上げるときの情報リソースは多岐にわたります。その中で学校図書館は「メディアライブラリー」というイメージになると思いますが，学校や地域によって整備の状況が大きく違っている状態のなかでは，コンクールの作品の情報リソースは，図書館だけに限らないでいいと思います。

高鷲：

私は，「図書館を使った調べる学習」といっている以上，地域の図書館や学校図書館から調べ活動を始めるのが基本だと思います。整備されていなければ，学校図書館に必要な資料を入れたりデータベースを導入したり，職員を配置してもらったりすることもコンクールを実施することの波及効果となります。

上位入賞者をだしている清教学園や茗溪学園は図書館が整備されていることは当然のこと，学校の図書館で調べて足りなければ近隣の公立図書館と連携したり大学図書館を紹介してもらうなどのサービスを提供しています。

しっかり調べる基本は図書館であり，また情報の最終確認には図書館を使うべきだと考えます。

［学校での指導体制や支援体制，家庭でのアドバイスについて］

坂元：

学校や家庭の支援は足りていません。著作権についての指導やレポートの書き方についての指導が不足しています。総合的な学習の時間だけでなく，国語，社会，理科などの教科でも必要でありますが，教員間で連絡調整した指導が本格的になされてはいないと思います。

そもそも，教員がこうした指導についてトレーニングを受ける場がないのが問題

です。そのため，子どもが盗作や剽窃をすることを防げないし，そうしたことがあることに見て見ぬふりをしてしまう。

　家庭については，子どもが携帯でやり取りをするため，子どもが何をやっているのかがわからないのが問題です。たとえば，親による読み聞かせを行い，新聞などをもとに親子で何かを議論するというのが良いが，現在は難しい状況があります。うまくいった作品には，理解がある家族がまわりにいます。体験をさせるために子どもを研究テーマに関する旅行に連れて行く人もいます。

高鷲：
　学校の先生がレポートを書く経験が無いと感じられるのが問題です。長い論理的な文章を書くような機会があまりない。教師と子どもが一緒になって取り組み，町ぐるみで言語活動へ取り組むことが理想的だと思います。

坂元：
　先生自身のレポート力や言語力が下がっていて，まともな文章が書けない状況があります。情報リテラシーの授業が今の大学教育では不十分です。今回のコンクールのように子どもの発信力を高めることを通して，教師の指導力を高めることが必要だと考えています。

[「調べる学習」の効果について]

坂元：
　このコンクールが要求している問題解決，探究型学習になると，知識を体験に基づいて再構成する必要があります。調べる→まとめる→発信するためには，情報を収集して分析し，論理を整理して発信する，これを繰り返すことで問題解決能力が上がります。さらに，これを集団の中でやれば集団の能力もあがります。調べる学習はその基盤であると考えています。

高鷲：
　暗記したものはすぐに忘れてしまいますが，一度経験して得た知識を再構築した場合，その知識はよく身につくことが知られています。また，調べる学習をしてきた子どもに，プレゼンテーションをやらせると，生き生きのびのびとやります。学びの原点は楽しいということです。体験は残るから忘れない。ただし，これを理論化して，既成の学力との関係で捉えるのは難しいかもしれません。

資料2　作品分析対象となったコンクール受賞作品

第8回受賞作品

作　品　名	著　者	所　　属	県　名
あさがおとこわいあめ	長谷川絵理香	豊島区立清和小学校　1年	東京都
サケってすごい!!	見富慎太郎	袖ケ浦市立中川小学校　1年	千葉県
へその緒	奥井カレン	横須賀市立田戸小学校　1年	神奈川県
ぼくの大好きな大房岬	高橋　勇輝	袖ケ浦市立蔵波小学校　2年	千葉県
光化学スモッグってなんだろう？〜光化学スモッグのひみつ〜	森田　里佳	袖ケ浦市立蔵波小学校　3年	千葉県
コメについて	三浦　颯人	聖学院小学校　3年	東京都
サルから人（わたし）が学んだこと	岩間　優	杉並区立荻窪小学校　4年	東京都
ひろえのお気楽・ごくらく・エコ　食器洗いマニュアル	御園　宥江	袖ケ浦市立平岡小学校　4年	千葉県
大豆はみんなの応えん団！	椿　麗奈	袖ケ浦市立奈良輪小学校　5年	千葉県
日本人の心　お箸大調査	浅野　真由	杉並区立三谷小学校　5年	東京都
ゴーヤー　ふるさとをもとめて〜もうひとつの出会い〜	伊藤　正和	袖ケ浦市立中川小学校　6年	千葉県
なご和やか和菓子	小野　未稀	袖ケ浦市立中川小学校　6年	千葉県
暑い夏（異常気象？）どうする？	徳永　祥子	袖ケ浦市立昭和中学校　1年	千葉県
添加物について	長瀬百合子	山梨英和中学校　2年	山梨県
なんで英語が話せないの？　どうしたら話せるの？	金田　千広	豊橋市立羽田中学校　3年	愛知県
安土城へようこそ！　幻の城を探る	細谷　理恵	埼玉県立松山女子高等学校　1年	埼玉県
桜　―日本人とその雅―	小笠原幸恵	八戸聖ウルスラ学院高等学校　2年	青森県
沖縄戦と戦後の沖縄史から21世紀の平和を考える	大野木希望	茗溪学園高等学校　3年	茨城県

第9回受賞作品

作　品　名	著　者	所　　属	県　名
わたしのかわいいラディッシュ　はつかだいこんちゃん	和辻　有美	南丹市立園部第二小学校　1年	京都府
かれたエダマメ	堀川　瑞稀	袖ケ浦市立長浦小学校　2年	千葉県

作品名	著者	所属	県名
さつまいもと…でんぷん でんぷんって何だろう？	向井　春奈	杉並区立馬橋小学校　2年	東京都
金魚のさんらん	塚田　祐子	横浜市立富岡小学校　2年	神奈川県
かえるのかんさつ日記　その2	大塚俊太朗	相模原市立谷口小学校　3年	神奈川県
伝えていきたい「イッペガサ」	在原　優佳	袖ケ浦市立蔵波小学校　4年	千葉県
川はどこへ消えたの？ ―桃園川の昔と今―	岩渕　万奈	杉並区立馬橋小学校　4年	東京都
探検　昔のくらし　涼しくくらすための工夫	尾形　宗宏	鶴岡市立朝暘第一小学校　4年	山形県
私の書道	積田真由美	袖ケ浦市立中川小学校　4年	千葉県
ひょうたん倶楽部	佐久間美夏	袖ケ浦市立中川小学校　5年	千葉県
なぜ日本人はみそを食べるの？	小條　綾子	仙台白百合学園小学校　6年	宮城県
人形に思いをたくして…（全2冊）	椿　　麗奈	袖ケ浦市立奈良輪小学校　6年	千葉県
日本人の祖先を探る　―縄文人とくらし―	平野　菜摘	木更津市立請西小学校　6年	千葉県
知られざる日吉の素顔　～この街に眠る負の遺産～	小河　有史	慶應義塾普通部　1年	東京都
みつばちとはちみつのふしぎ	角田　詩実	山梨英和中学校　2年	山梨県
勾玉の研究	関根　　翠	豊島区立明豊中学校　2年	東京都
はっ！　たつ　あるく　どうやって？（全2冊）	荻野真里奈	袖ケ浦市立昭和中学校　3年	千葉県
一期一会　～茶の心～	櫻井ゆき乃	八戸聖ウルスラ学院高等学校　2年	青森県
武家故実　―中世武家のマナー―	細谷　理恵	埼玉県立松山女子高等学校　2年	埼玉県
「中国残留孤児」帰国者の人権擁護	白石　惠美	茗溪学園高等学校　3年	茨城県
薬害エイズ訴訟にみる「過失の認定」とは	石川　佳代	茗溪学園高等学校　3年	茨城県

第10回受賞作品

作品名	著者	所属	県名
あさがおのひみつ	河村真結子	仙台白百合学園小学校　1年	宮城県
ランドセルのひみつ　ぼくのだいじなたからもの	久崎　諒也	豊島区立目白小学校　1年	東京都
どうしてねなくちゃいけないの？	福田　亮子	袖ケ浦市立長浦小学校　2年	千葉県
トマトが赤いわけ	松本　道成	袖ケ浦市立平岡小学校　2年	千葉県

資料2　作品分析対象となったコンクール受賞作品　145

作品名	著者	所属	県名
星ってほんとに☆なの？	田中　巴那	袖ケ浦市立長浦小学校　2年	千葉県
イカってフシギ！	見富慎太郎	袖ケ浦市立中川小学校　3年	千葉県
しゃべるー私とお兄ちゃんのコミュニケーション	濱崎　芽生	袖ケ浦市立蔵波小学校　3年	千葉県
わが家の家族　＜ツバメ＞	尾高　椋介	袖ケ浦市立蔵波小学校　4年	千葉県
君は何色？　アゲハのさなぎの色調べ	宮林　美友	横浜市立川上北小学校　4年	神奈川県
元気のみなもと「じゃがいも・さつまいも」どっちがすき？	高橋　美優	袖ケ浦市立奈良輪小学校　4年	千葉県
輝け！点字　～ぼくらの絆～	岡本　翼	市原市立有秋東小学校　5年	千葉県
My Dream House　家族と過ごそう日本の家	御園　宥江	袖ケ浦市立平岡小学校　6年	千葉県
私は小さなジャーナリスト	満井　裕子	袖ケ浦市立根形小学校　6年	千葉県
僕の住んでいる地域の縄文時代の交易	西澤　航平	浜松市立葵が丘小学校　6年	静岡県
黒耀石研究	小海　祈	杉並区立神明中学校　1年	東京都
塩の道と雪国の暮らし	河野維一郎	慶應義塾普通部　2年	神奈川県
デジタル地図に見るごみ不法投棄の研究（全2冊）	小河　有史	慶應義塾普通部　2年	東京都
世界を救うキャップ～私たちにできること～	仲濱　佳穂	袖ケ浦市立蔵波中学校　3年	千葉県
アンモナイトの世界	菊地　智慧	八戸聖ウルスラ学院高等学校　1年	青森県
おしゃれ　～美への憧れ～	工藤　真美	八戸聖ウルスラ学院高等学校　1年	青森県
日本軍の実像	高橋　巧	山手学院高等学校　2年	神奈川県

第11回受賞作品

作品名	著者	所属	県名
スーパーのひみつ	大澤　暁人	豊島区立池袋第三小学校　1年	東京都
ハチからうまれたろうそく	石井　貴也	袖ケ浦市立昭和小学校　1年	千葉県
ぼくのそだてたはつかだいこん「どうなるぼくの20日かん！」	竪石鼓太郎	袖ケ浦市立奈良輪小学校　1年	千葉県
ブランコ遊びはいつからあるの？	渡邊　夢乃	袖ケ浦市立蔵波小学校　2年	千葉県
子どもかぶきずかん　かぶきのススメ	植野　烈	杉並区立桃井第四小学校　2年	東京都
雲の話　空に雲を書きたいな！	乙幡幸千恵	東京学芸大学附属小金井小学校　3年	東京都

作品名	著者	所属	県名
アサリのふしぎパワー アサリは海をきれいにするの？	安藤菜友里	木更津市立岩根小学校　4年	千葉県
漢字の筆順「筆順は変わったか」と「筆順のきまり」	今村　さや（5年）今村　陽子（3年）	白山市立松任小学校	石川県
漢字博士への道 ～怜と恰の違いを突きつめろ!!～	山岸　怜央	射水市立小杉小学校　4年	富山県
球根植物「カラー」の不思議 おばあちゃんが育てていたカラーの不思議そして球根の不思議を調べよう	向井　春奈	岐阜市立京町小学校　4年	岐阜県
17年ゼミ～17年のねむりからさめて～	酒井　燦	シカゴ日本人学校　5年	イリノイ州
日本のたから梅干　私のアイデア料理梅肉おからクッキー	太田　雅子	豊後大野市立大野小学校　5年	大分県
キラキラ輝くガラスの魅力	積田真由美	袖ケ浦市立中川小学校　6年	千葉県
世界最古の蓮　大賀蓮について	熊澤　由花	清泉小学校　6年	神奈川県
探検　藩校「致道館」朝暘第一小学校のルーツをさぐる	尾形　宗宏	鶴岡市立朝暘第一小学校　6年	山形県
土用の丑とうなぎの不思議	吉本　七永	追手門学院大手前中学校　1年	大阪府
「地球」のはじまり—「鎖国」時代に日本人は「地球」が球であることをどう受け入れたか	小海　祈	杉並区立神明中学校　2年	東京都
和算の研究	片山　陸	慶應義塾普通部　2年	神奈川県
MY防災のススメ	小河　有史	慶應義塾普通部　3年	神奈川県
明るい明日を迎えるために Medical Care	小川　真紀	袖ケ浦市立平川中学校　3年	千葉県
星物語～Star with Human Beings～	舘　沙央里	八戸聖ウルスラ学院高等学校　2年	青森県
メディアと政治～メディアにおける監視機能という役割～	上林恵理子	茗溪学園高等学校　3年	茨城県
高円寺阿波踊りの魅力～現在，過去，そして未来～	川口ひとみ	東京大学教育学部附属中等教育学校　6年	東京都
難民問題	田中ゆとり	茗溪学園高等学校　3年	茨城県

第12回受賞作品

作品名	著者	所属	県名
まぼろしの電車E331系	岡田　朋樹	袖ケ浦市立昭和小学校　1年	千葉県

資料2　作品分析対象となったコンクール受賞作品　147

お月さまはぼくのことがすき？どうしてついてくるんだろう！	堅石鼓太郎	袖ケ浦市立奈良輪小学校　2年	千葉県
きょうりゅうの顔のあな	宮崎　法大	豊島区立目白小学校　2年	東京都
ヌルヌル気持ちわる〜い　ナメクジのなぞ	石井　貴也	袖ケ浦市立昭和小学校　2年	千葉県
むしできない虫の話　〜カイコときぬをしらべよう〜	大澤　曉人	豊島区立池袋第三小学校　2年	東京都
か　VS　ぼくの知恵くらべ	宮本　修志	市原市立有秋東小学校　3年	千葉県
植物のふしぎ〜葉にはどうして線があるの？〜	石井　茜	袖ケ浦市立長浦小学校　3年	千葉県
アリがつんだら山となる！〜ミミズドックのナゾを解け！〜	中野　彬	下関市立岡枝小学校　4年	山口県
お願い！芽が出て！〜ツルレイシ〜	鳥海　初音	袖ケ浦市立根形小学校　4年	千葉県
サメって不思議！！	見富慎太郎	袖ケ浦市立中川小学校　5年	千葉県
だ液のひみつ　〜だ液の世界へようこそ〜	大久保徳之新	文京区立明化小学校　5年	東京都
『どんな水が好き？』—60cmの水槽から地球環境問題へ—	加藤　雅人	桑名市立大成小学校　6年	三重県
私と里山	北澤はるな	茅野市立永明小学校　6年	長野県
仮想旅行記　北里柴三郎を追いかけて	三浦　颯人	麻布中学校　1年	東京都
「もやしもん」を100倍楽しむ	御園　宥江	袖ケ浦市立平川中学校　2年	千葉県
安房直子　—メルヘンとファンタジーの狭間で—	望月　麗	山梨英和中学校　2年	山梨県
紅花の真相　卑弥呼も愛用!?	岩間　優	桜蔭中学校　2年	東京都
龍虎相打つ〜戦国と現代をつなぐ新聞〜	小見川夏美	袖ケ浦市立昭和中学校　3年	千葉県
高松塚解体調書　日本は文化財を守れるか	竹嶋　康平	清教学園高等学校　1年	大阪府
原爆被害を伝える活動〜諸活動の実際と課題について〜	嶋根　学　高岡　颯太　林　宏樹	慶應義塾志木高等学校　3年	埼玉県
児童労働　現状と児童労働撤廃に向けて	濱田　咲栄	茗溪学園高等学校　3年	茨城県

資料3　図書館を使った"調べる"学習賞コンクールに関するアンケート質問紙

1．氏名［　　　　　　　　　　　　　　　］

2．受賞したのはいつですか。　　　　［　　　　　　年］

3．現在次のどれにあたりますか。
　　1　中学校，　2　高校，　3　大学生，　4　大学院修士課程，
　　5　大学院博士課程，　6　社会人，　7　その他［　　　　　　　］

4．よろしければ現在通っている学校，大学，大学院あるいは職場の名前をお書きください。
　　　　［　　　　　　　　　　　　　　　　］

　　大学，大学院については，学部や研究科の名前もお書きください。
　　　　［　　　　　　　　　　　　　　　　］

5．書かれた作品のテーマに最初に関心をもったきっかけは何でしたか。（一つ選んで下さい）
　　1　自分自身の経験や観察
　　2　普通の教科（国語，社会，理科，英語など）の学習
　　3　総合的学習の時間やクラブ活動など普通の教科以外の学習
　　4　親や家族との会話
　　5　読書
　　6　テレビや新聞，雑誌などのマスメディア
　　7　インターネット（Web，掲示板，ブログなど）
　　8　その他［　　　　　　　　　　　　　　　　　　　　　　　　　］

6．そのテーマはどの教科に近いですか。（複数選んでもかまいません）
　　1　国語，　2　算数・数学，　3　社会，　4　理科，　5　美術，
　　6　音楽，　7　保健・体育，　8　技術・家庭，　9　情報，
　10　外国語・外国文学，　11　その他［　　　　　　　　　　　］

7．どういう機会に書きましたか。（一つ選んでください）
　　1　普通の教科（国語，社会，理科，英語など）の学習
　　2　総合的学習の時間やクラブ活動など普通の教科以外の学習
　　3　夏休みの自由研究等の課題・宿題

4　卒業研究，卒業論文
　　5　その他［　　　　　　　　　　　　　　　　　　　　　　　　　　］

8．調べる際に利用した資料はどれですか。（複数選んでもかまいません）
　　1　教科書や資料集などの教材
　　2　家にある本や資料
　　3　学校図書館にある本や資料
　　4　公共図書館にある本や資料
　　5　先生から借りた本や資料
　　6　インターネット上の情報
　　7　その他［　　　　　　　　　　　　　　　　　　　　　　　　　　］

9．資料を使う以外に，調べるにあたって次のどの方法を使いましたか。（複数選んでもかまいません）
　　1　（天体，動物，植物，自然などを）観察（観測）する
　　2　（植物を）栽培したり，（動物を）飼育したりする。
　　3　（工作物や美術作品を）つくる
　　4　実験する
　　5　話を聞いたり，インタビューしたりする
　　6　（施設などを）見学する
　　7　経験する（体験する，やってみる）
　　8　アンケートをとる
　　9　その他［　　　　　　　　　　　　　　　　　　　　　　　　　　］

10．調べて書き終えるまでにどれくらいの時間をかけましたか。（一つ選んでください）
　　1　1ヶ月未満　　2　1ヶ月以上3ヶ月未満　　3　3ヶ月以上6ヶ月未満
　　4　6ヶ月以上1年未満　　5　1年以上2年未満　　6　2年以上

11．調べるときに手伝ってくれたりアドバイスしてくれたりした人はいましたか。
　　（1以外は複数選んでかまいません）
　　1　全部ひとりでやった
　　2　先生
　　3　親あるいは家族
　　4　祖父母あるいは親類
　　5　友人
　　6　学校図書館職員（学校司書）
　　7　公共図書館職員

8　上記以外の人 [　　　　　　　　　　　　　　　　　　　　　　　　]

12. 作品を執筆した際に，工夫した点があればお書きください。

13. 作品を執筆した際に，たいへんだと感じた点あるいは難しいと感じた点があればお書き下さい。

14. 作品を書いたあとのことについておたずねします。次の①から⑨の文についてその後のあなたにどの程度当てはまるか，1から5までの近いもの一つを選んで○をつけてください。

　　1　よく当てはまる　　2　少し当てはまる　　3　あまり当てはまらない
　　4　全く当てはまらない　　5　分からない

	よく	少し	あまり	全く	分からない
①　国語が得意になった	1	2	3	4	5
②　算数・数学が得意になった	1	2	3	4	5
③　理科系の科目が得意になった	1	2	3	4	5
④　社会科系の科目が得意になった	1	2	3	4	5
⑤　文章を書くのが好きになった	1	2	3	4	5
⑥　本を読むのが好きになった	1	2	3	4	5
⑦　人前で発表するのが得意になった	1	2	3	4	5
⑧　図書館をよく利用するようになった	1	2	3	4	5
⑨　同じテーマについて調べ続けた	1	2	3	4	5

15. 中学，高校，大学の受験を経験した方におたずねします。調べて書く経験は受験において効果があったと感じますか。一つに○を付けてください。
　　1　よく感じる　　2　少し感じる　　3　あまり感じない
　　4　全く感じない　　5　受験の経験はない

16. 仕事をおもちの方におたずねします。調べて書く経験は職業選択や社会生活において効果があったと感じますか。一つに○を付けてください。
    1　よく感じる　　2　少し感じる　　3　あまり感じない
    4　全く感じない　　5　仕事をもっていない

17. 調べて書く学習を体験したことが，その後の学校生活や社会生活にどのような影響を与えたのかについて，お考えのことがあれば自由にお書き下さい。

ご協力ありがとうございました

資料4　参考文献一覧

1．片岡則夫『情報大航海術－テーマのつかみ方・情報の調べ方・情報のまとめ方』リブリオ出版，1999

　「調べる学習」の方法を体系的に述べた初めての著書。著者は神奈川県立高校の理科教師として，長年，生徒が自らの関心に沿って探究学習に取り組むための授業を実施してきた。その実践からまとめられたノウハウが惜しげなく示されている。

2．東京大学附属中等教育学校『生徒が変わる卒業研究』東京書籍，2005

　東大附属学校は1980年代から中等教育の総仕上げとして生徒全員に卒業研究を課している。本書はカリキュラム全体におけるその位置づけと具体的な方法について述べ，実際に提出された研究報告を制作上のエピソードをまじえて紹介している。

3．鴇田道雄『学びの力を育てよう：メディア活用能力の育成』ポプラ社，2005（シリーズ　いま，学校図書館のやるべきこと3）

　千葉県袖ケ浦市は「読書教育」の枠組みにおいて，学校図書館を整備し，ここを学びの場として調べる学習を進めるための指導を行ってきた結果，「調べる学習コンクール」において多数の受賞者を輩出してきた。本書の著者鴇田氏は，教育委員会にあって長年このプロジェクトの推進役として活躍してきた人物である。著者が本市の学校で取り組んできた教育指導や司書教諭や学校司書向けの研修でのノウハウが余すことなく書きこまれている。

4．宅間紘一『はじめての論文作成術－問うことは生きること』（三訂版）日中出版，2008

　著者は関西学院高等部の読書科担当教師として卒業論文の指導に取り組んできた。本書では，「問い」「テーマを決める」「情報を調べる」「執筆する」に至る過程を論じている。副題から，出発点にある「問い」を自らの探索を通じて最終的に論文としてまとめるという学習方法についての著者の思いが伝わってくる。

5．大串夏身編著『学習指導・調べ学習と学校図書館』（改訂版）青弓社，2009

　学校図書館についての著作で，現行のカリキュラムにおける調べる学習や探究学習の方法について述べたものはあまり出されていない。本書はこれを本格的に論じたもので，基本的な考え方から調べるための手法までが丁寧に説明されている。

6．桑田てるみ編『思考力の鍛え方』静岡学術出版，2010

　本書は学校図書館担当者と各教科の教員が学校図書館のあり方について実践的に共同研究を行った記録である。アメリカにおける学習者の情報探索法の研究の紹介はこれまでもあったが，紹介にとどまらず日本の教科教育や言語学習との関係を検討したものはこれまでなく，新しい方向を示唆するものである。

7．国立教育政策研究所『読書教育への招待』東洋館出版，2010
　　これは国立教育政策研究所で実施された読書教育に関する共同研究の報告書であるが，読書教育といってもかなり広義のものであり，ブックスタートからPISAの読解リテラシー，学校図書館の位置づけ，調べることと言語力との関係，生涯読書のあり方まで多様なものを含む。新しい学習指導要領で言語力を重視している背景と，言語力を向上させるために必要とされる教育活動についての考え方を知ることができる。

8．日本図書館協会図書館利用教育委員会編『問いをつくるスパイラル－考えることから探究学習をはじめよう！』日本図書館協会，2011
　　探究学習のなかでテーマを設定するところがもっとも難しいと言われる。この本は探究のプロセスが「課題を確認し，計画を立てる」「情報を探す」「情報を整理する」「表現する」「共有する」「評価する」の6つから構成され，ひとつひとつがさらにその6つのプロセスに分けられるという螺旋的な構造をもって何度も繰り返されることを前提にして，そのなかのテーマ設定の部分を具体的に説明し，自分で取り組めるようにワークブック方式に編成している。

索　引

【あ】
朝の読書　51
荒川区（東京都）　124
アンケート　76-78, 85-86, 98-99
市川市（千葉県）　37, 124
今村正樹　30
インターネット　83, 96
インタビュー　76-78, 85-86, 98-99
引用　121
引用・参照文献　30
ウィキペディア　29, 84
宇美町（福岡県）　26
映像資料　79
岡山市　124

【か】
科学教育　13
学社連携　115
学習指導要領　9-12
　1947（試案）　10-11, 126
　1951　10-11
　1958　10-12
　1968　11-12
　1989　22
　1998　22
　2008　3-5, 12-14,16, 19, 64, 114, 119, 126
学術機関　78, 83
学術研究　121
学術雑誌　79
学力　3, 12-13, 16, 61-62, 124, 128
学力調査（文部科学省）　12, 16
学校司書　95, 97, 123
学校図書館　14-15, 17-18, 20, 64, 96
　学習情報センター　15, 17, 115, 122-123
　読書センター　15, 123
学校図書館法　20, 22, 129, 131

仮説検証　29, 72-73
課題解決　73-74
活用　13, 15
神奈川総合高等学校（神奈川県立）　118
カリキュラム　10,
　地域カリキュラム（袖ケ浦市）　42-44
　学校カリキュラム（蔵波中学校）
　　54-57, 62
　学校カリキュラム（奈良輪小学校）
　　51-52
関西学院高等学校　118
観察　98-99
関心追求　75
企業　78, 84
疑問解決　74, 75
教育評価　62, 115-116
教科学習　4, 12, 92,
　テーマとの関係　98-99
　コンクールの効果　100-103, 104-105
共同作品　127
蔵波中学校　53-57, 62
　学校図書館　53
　読書指導員　54, 56
　総合的学習の時間　54-57
蔵元和子　31
慶應義塾高等学校　118
慶應義塾中等部　118
経験　97-99
経験主義　10
系統主義　15-16
見学　97-99
研究手法　75-77, 97-100
言語活動　16, 17, 119-120
言語力　14-15 124, 126
スキル　103-105, 110
文章作成能力　109

講演会　78
公共図書館　96-97, 115, 122
公的機関　77-78, 83
国語科　92-93, 101-103, 104-105
子どもの読書活動の推進に関する法律　22
個人サイト　84

【さ】
坂元昂　31
指導要録　59, 62
司書教諭　50, 59, 123, 129-130
実験　76, 85, 97-99
社会科　92-93, 101-103, 104-105, 110
週刊誌・月刊誌　79
自由研究　4, 38, 40, 44, 51, 94, 116, 124, 126
習得（型学習）　3, 13, 15, 61
受験　106-108, 129
受賞者　27
　質問紙調査　90-93
　職業選択　91-92, 107-109
情報教育　37
情報サイト　84
情報リテラシー　110
白石惠美　125
調べる学習　5, 10, 17-18, 22, 38 44, 60-61, 64, 100, 119-120
新聞記事　78
進歩主義教育（アメリカ）　10
進路選択　107-109
スプートニク・ショック　12-13
生涯学習社会　115
生涯学習振興法　22
清教学園中学校・高等学校　118
制作　97-99
全国学芸サイエンスコンクール（旺文社）　117
総合的な学習の時間　3, 12, 14, 16, 18-19, 22, 36, 38, 59, 94, 124, 126
　奈良輪小学校　52
　蔵波中学校　54-57
卒業研究　4, 95, 128
袖ケ浦市（千葉県）　24, 26-27, 33-62,
118-119, 124-125, 131
応募者・入賞者の推移　48
学校図書館　37-38, 44
学校図書館支援センター　36, 40, 57, 131
教育施設　34
公共図書館　44-46
作品アーカイブ　47
調べ学習相談会　45
地域コンクール　37-38, 40-42, 47, 59
読書施設　34
読書指導員　37, 57, 124
「学び方ガイド」　42-44

【た】
体験　76, 85, 97-99
探究学習　3, 13-15, 18-19, 119
知識基盤社会　114
知的財産権　121
中央教育審議会答申（2008）　13
著作権法　121
テーマ選定　30, 61, 85-86
電子資料　83-84
東京大学附属中等教育学校　128-129
図書　80-83
図書館の学校　4, 21
読解力　15
読書感想文・読書感想画　38
読書教育　36-38, 51, 60-61
図書館の利用　103-105
図書館流通センター（TRC）　21, 38
図書館を使った調べる学習コンクール　4, 20, 21-31, 64-6, 116
　受賞者→別項目を参照
　質問紙調査　89-90
　審査基準　27-31
　地域コンクール　23-24, 37, 59
　入賞校ランキング　34
　入賞作品→別項目を参照

【な】
夏休み昆虫研究大賞　125
奈良輪小学校　46, 48
　学校図書館　49

司書教諭　49-50, 59
　　読書教育　51-52
日本児童教育振興財団　21
入賞作品
　　高等学校の部　86
　　構成　66, 72-75
　　参考資料　67, 78-84
　　小学校の部　85
　　中学校の部　85-86
　　研究手法　75-77, 97-100
　　テーマ　66-68, 80-83, 92-93
　　テーマ選択動機　69-70, 93-94

【は】
博物館　52, 78, 83, 116
パスファインダー　46
非営利法人　84
文京区（東京都）　24
文献調査　75-77, 85-86, 97-99
文献による確認　30

ペーパーテスト　117
堀川高等学校（京都市立）　18, 118

【ま】
文部科学省　38-39, 58
茗溪学園高等学校　117, 118, 125

【や】
山梨英和中学校　117
ゆとり教育　12
吉岡諒人　125

【ら】
理科　92-93, 101-103, 110
立教女学院高等学校　118
論理展開　30, 72-75

【A～Z】
PISA（OECD国際学力調査）　12-13, 16-17

［執筆者］

根本　彰　　（第1,2,6章）編者
金　昭英　　（第3章）東京大学大学院教育学研究科博士課程
浅石卓真　　（第4章）東京大学大学院教育学研究科博士課程
井田浩之　　（第5章）東京大学大学院教育学研究科修士課程

※本書は，特定非営利活動法人「図書館の学校」および財団法人日本児童教育振興財団が主催する「図書館を使った調べる学習コンクール」の成果を利用している。また，成果の利用には，特定非営利活動法人「図書館の学校」の監修を得ている。

なお，特定非営利活動法人「図書館の学校」は，2012年4月1日をもって公益財団法人「図書館振興財団」へ全事業を移行しました。第16回コンクール（2012年度開催）から，公益財団法人図書館振興財団の主催となります。

［編者紹介］

根本　彰（ねもと　あきら）　東京大学大学院教育学研究科教授
1954年福島県生まれ。東京大学教育学部卒業，同大学院博士課程単位取得退学。
図書館情報大学助教授，東京大学大学院教育学研究科助教授を経て現職。
主要著書：
『文献世界の構造：書誌コントロール論序説』勁草書房，1998
『情報基盤としての図書館』勁草書房，2002
『インターネット時代の学校図書館』東京電機大学出版局，2003（監修）
『理想の図書館とは何か』ミネルヴァ書房，2011

探究学習と図書館
　調べる学習コンクールがもたらす効果

2012年3月10日　第1版第1刷発行
2012年6月15日　第1版第2刷発行

編著者　根本　彰

発行者　田中　千津子
発行所　株式会社　学文社

〒153-0064　東京都目黒区下目黒3-6-1
電話　03（3715）1501（代）
FAX　03（3715）2012
http://www.gakubunsha.com

© NEMOTO Akira 2012　　　　　　　　　　印刷　新製版
乱丁・落丁の場合は本社でお取替えします。
定価は売上カード，カバーに表示。

ISBN978-4-7620-2228-9